Julie Baudoin

S'écouter...
pour se créer !

Reprenez le pouvoir sur votre **MENTAL**
pour développer
la puissance **CREATIVE** de votre **INTUITION**

Chloé

© 2024, Julie Baudoin
Édition : BoD – Books on Demand, info@bod.fr
Impression : BoD – Books on Demand, In de Tarpen 42,
Norderstedt (Allemagne)

Impression à la demande
ISBN : 978-2-3225-4151-5
Dépôt légal : Juillet 2024

Illustrations : Valérie Benedetti
Corrections : Evelyne et Michel Baudoin
Cristina Neves Santos
Audrey Salou
Eline Renou
Corinne Mathelier

www.juliebaudoin.fr

à mes enfants,
à mon amour,
à la vie,

Sommaire

"

C'est avec la logique que nous prouvons et avec l'intuition que nous trouvons.

Henri Poincaré, mathématicien, philosophe, physicien et ingénieur français (1854-1912)

"

Avant-propos

J'ai 25 ans quand une intuition change radicalement ma vie...

Je suis sur le trottoir d'un grand boulevard et viens de sortir d'un rendez-vous avec le rhumatologue, qui me suit depuis plusieurs années déjà. Je suis atteinte du syndrome d'Elhers-Danlos, ce qui rend l'ensemble du tissu conjonctif de mon corps plus hyperlaxe (plus élastique) que la normale, et nettement plus douloureux aussi.

Il y a moins d'un an maintenant, j'ai accouché de mon premier enfant et mon dos me fait terriblement souffrir. Ce jour-là, il m'annonce que la seule solution qu'il entrevoit est de faire poser une plaque dans le bas de mon dos, pour ne pas que ma colonne ne glisse davantage encore.
M'opérer le dos ! Pour lui, c'est la seule solution.

Je suis sur ce trottoir, désemparée à l'idée de me faire souder les vertèbres. Sous le choc, je n'entends plus le brouhaha de ce boulevard. Je flotte étrangement dans une ambiance assourdissante et cotonneuse. Quand tout d'un coup, cette petite voix sort de nulle part pour me dire : "ton dos, c'est ton chemin... pas question de te faire opérer... un jour, tu comprendras !" J'ai su sans aucune preuve que je devais l'écouter ce jour-là.

Cette voix, c'était mon intuition !

Jusqu'ici, j'avais fait, comme tout le monde je pense, l'expérience d'avoir eu des intuitions pour ceci ou cela.

Des petites choses sans importance.... Seulement, cette intuition-là a changé le cours de ma vie.

J'aurais pu décider de ne pas la suivre. Mais cette information était arrivée de manière si fulgurante et évidente, qu'il ne m'est pas venu à l'esprit de la remettre en question.

Depuis lors, je n'ai eu de cesse d'avoir comme obsession ces quelques questions : d'où vient-elle, notre intuition ? Comment fonctionne-t-elle ? Et si elle dit juste, si elle peut nous aider à nous (re)trouver, à créer la meilleure version de nous-même, alors pourquoi attendre qu'elle nous guide sans jamais savoir quand ? Ne pourrions-nous pas la déclencher à volonté, ou tout du moins créer le climat propice pour la percevoir ?

J'ai passé vingt ans à observer ses allers et venues dans ma vie, à noter toutes mes expériences intuitives dans les moindres détails. Au fil des ans, j'ai surtout compris que ce canal intuitif (ce tube comme j'aime à l'appeler) devait être nettoyé pour mieux la percevoir.

En testant tout un tas de pratiques, j'ai cherché à nettoyer mon propre tube (Ostéopathie, acupuncture, hypnose, magnétisme, médiumnité, soins énergétiques, iridologie, naturopathie, chamanisme, EMDR - Intégration neuro-émotionnelle par les mouvements oculaires - soins vibratoires et sonores, numérologie, diapason, sophrologie, kinésiologie, géobiologie, feng shui, yoga, taï chi, Tchi qong, PBA (psycho bio accu-pression), réflexologie plantaire, shiatsu, hypnose régressive, massage, Reiki, ...). Chacune d'elles m'a permis à sa juste mesure de mieux comprendre mon fonctionnement.

Et plus je m'écoutais, plus je me nettoyais...
Et plus je découvrais mon intuition, plus je me créais !

J'ai alors décidé de me former moi-même à des thérapies comportementales et cognitives : la PNL (Programmation Neurolinguistique) ainsi que l'approche systémique de coaching Palo Alto.

Puis, il m'est apparu évident de compléter cette dimension comportementale par une dimension énergétique.

Pour mieux apprendre à percevoir encore, c'est tout naturellement que je me suis formée à la géobiologie ainsi qu'à la radiesthésie.

Au delà de mes formations et de mes expériences, j'ai également suivi de nombreux stages et enseignements, notamment auprès d'un maître Yogi, Maurice Daubard, spécialiste du Toumo (Yoga de l'extrême).

Depuis quelques années déjà, j'harmonise votre habitat, entre autres grâce à mes perceptions qui me servent de guide.

Seulement, depuis quelques temps, je découvre que vous êtes nombreux à vouloir : comprendre votre fonctionnement (différencier mental et intuition), expérimenter l'utilisation du pendule, vous libérer de votre surcharge mentale (voire de votre burn out), mieux appréhender votre (hyper)sensibilité, retrouver du sens dans votre vie et comprendre ce que dit votre corps et ses éventuelles douleurs inexpliquées...

Par expérience, et pour avoir traversé moi aussi toutes ces

épreuves, j'ai découvert que chercher à me connecter à mon intuition a toujours été LA clé pour réussir à les dépasser. Ce livre est donc la réponse à la question que beaucoup m'ont posé "Comment as-tu fait ?" J'ai relu mes notes et observé mon chemin. Ce qui m'a permis de modéliser mon propre parcours.

Je vous propose aujourd'hui de suivre l'expérience CREATIVE de votre intuition. C-R-E-A-T-I-V-E, comme l'acronyme des huit étapes que j'ai intuitivement suivies pour dépasser chacune de mes épreuves et ainsi mieux me connecter à mon 6ème sens.

C - Conscientiser / R - Ressentir / E - Exprimer / A - Accepter
T - Trier / I - Imaginer / V - Visualiser / E - Expérimenter.

Au cours de mes ateliers ou lors des accompagnements individuels que je propose, j'ai constaté la pertinence de cette méthode CREATIVE. C'est la raison pour laquelle, j'ai très à cœur de vous la faire découvrir et expérimenter surtout aujourd'hui, dans cette ouvrage "S'écouter pour se créer !"

Grâce à ces huit étapes, et quelle que soit votre situation, vous pourrez alors atteindre les trois objectifs suivants :

1) Nettoyer correctement vos quatre filtres majeurs (vos pollutions mentale, physique, émotionnelle et énergétique).

2) Reconnaître votre intuition du reste (mental, imagination, douleurs corporelles...), et comprendre comment elle opère.

3) Cultiver à volonté votre intuition, en pleine conscience, et vous sentir créateur de votre vie.

"

Si la réalité venait frapper directement nos sens et notre conscience, si nous pouvions entrer en communication immédiate avec les choses et avec nous-même, je crois bien que l'art serait inutile, ou plutôt que nous serions tous artistes, car notre âme vibrerait alors continuellement à l'unisson de la nature.

Henri Bergson, philosophe français (1859-1941)

"

Introduction

"Je l'savais… Je ne sais pas pourquoi je n'me suis pas écouté(e), parce que pourtant, je l'savais… je ne sais pas comment ! Mais je l'savais…"

Vous avez tous expérimenté au moins une fois cette certitude, cette conviction profonde, cette évidence qui vous tombe dessus, quelle que soit sa forme de manifestation : petite voix, ressentis, images, rêves… et quel que soit aussi le contexte. Mais combien d'entre vous se sont fait confiance ? Lui ont fait confiance ?
Car la difficulté avec cette fulgurance, c'est qu'elle ne se prouve pas : elle EST !

Ce raccourci rapide et intelligent vers une information qui, au demeurant, n'est pas dans votre cerveau, se nomme l'intuition !

Intuition qui vient du mot latin "Intuitio" : image réfléchie dans un miroir. Et aussi, de "In tueri" : regarder attentivement à l'intérieur de Soi.

Oui. Regarder attentivement à l'intérieur de Soi parce que si la réponse de chaque chose ne semble pas se localiser dans le cerveau, elle semble malgré tout se trouver à l'intérieur de Soi.

La quête de Sens… Du sens de votre vie… Le langage de vos cinq sens… L'accueil de votre sixième sens… Et retrouver votre Essence… Car dans la vie, tout aurait un sens !

Toutefois, comment s'écouter lorsqu'il y a tant d'angoisses rien qu'à l'idée de regarder à l'intérieur de Soi ? Pas de mode d'emploi ? Voire tant de propos extérieurs qui martèlent sans cesse "tu t'écoutes de trop" - "tu n'es qu'un(e) égoïste !"

Et si l'exercice semble déjà difficile, il n'en demeure pas moins les éventuelles années d'errance pour trouver surtout à savoir comment !

Comment s'écouter pour se créer ? Comment se (re)connecter à Soi pour mieux trouver sa juste place dans le monde ? Comment cultiver son intuition pour l'utiliser à souhait, lorsque le besoin de sens se fait sentir ?

Pour cela, je vous propose de suivre, tel un protocole, les huit étapes de l'expérience CREATIVE qui constituent les huit parties de cet ouvrage : Conscientiser, Ressentir, Exprimer, Accepter, Trier, Imaginer, Visualiser et Expérimenter.

Cette méthode va vous permettre de partir de ce qui est au dessus de vous, du plus grand et plus loin que vous... pour vous connecter progressivement à votre propre esprit, puis vous recentrer sur votre corps et descendre dans votre coeur.

Et c'est depuis votre coeur que vous allez pouvoir vous caler sur la vibration de ce que vous cherchez à percevoir et ainsi, repartir en conscience, vers l'extérieur... Tout en restant bien ancré(e) et aligné(e) à votre corps et à votre esprit.

1ère étape : Conscientiser

Prendre conscience de votre environnement, de votre entourage et de vous-même au sein de l'Univers..

Chercher à développer une hyper-conscience en chassant tout jugement, toute idée préconçue. Il s'agira d'évacuer votre pollution mentale.

2ème étape : Ressentir

Vivre pleinement vos cinq sens, renouer éventuellement le dialogue avec votre corps que vous avez pu délaisser. Votre corps est très important car c'est à travers lui que vous percevez vos intuitions. Il s'agira donc d'apprendre à le ressentir en pleine conscience, à vous libérer de votre pollution physique.

3ème étape : Exprimer

Ce qui ne s'exprime pas, s'imprime ! Ex-primer est l'idée de faire sortir de vous tout ce dont vous n'avez pas besoin et qui vous fait même perdre votre énergie. Nettoyer votre tube pour ressortir vos noeuds et vos blocages, nettoyer vos filtres. Il s'agira d'ex-primer votre pollution émotionnelle.

4ème étape - Accepter

Accepter marque une étape importante puisqu'elle fait le trait d'union entre le premier objectif, à savoir vous (re)connecter à vous-même, et le second qui est d'apprendre à différencier ce qui vous appartient ou pas.

Accepter d'être ce que vous êtes. Accepter que les choses soient telles qu'elles sont, sans chercher à les juger, ni à les changer. Juste à les comprendre. Accepter que rien n'arrive pas hasard et que tout est pour le mieux, le pire comme le meilleur, le matériel comme l'immatériel.

5ème étape - Trier

Lorsque vous aurez pu vous (re)connecter à vous-même en développant votre pleine conscience, en renouant avec votre corps, en libérant et en acceptant ce qui est, vous allez pouvoir ressentir aisément ce qui vous appartient ou pas. Capter l'information qui ne vient pas de vous, la laisser passer, ne pas s'y accrocher. Différencier votre énergie de celle d'éléments extérieurs (lieu, autre personne, végétal, animal, objet...).

6ème étape - Imaginer

Une fois que le tri sera fait dans votre esprit et dans votre corps, vous allez pouvoir vous laisser aller à imaginer. Poser les mots clairs et précis qui formeront votre intention. Savoir formuler votre question ou votre affirmation pour vous "brancher" sur ce que vous souhaitez recevoir comme information. L'imaginaire, c'est le langage de votre inconscient et, vous le verrez, il est le langage de votre intuition. Utiliser vos cinq sens et des métaphores, imaginer votre objectif pour mieux "capter" précisément ce qui sera bon ou non pour vous.

7ème étape - Visualiser

Apprendre à visualiser pleinement votre objectif atteint avec la réalité d'un film intérieur empli d'images précises, enrichis de vos cinq sens et d'émotions fortes. Visualiser permet d'informer chacune de vos cellules de votre corps et les faire vibrer sur l'objectif déjà atteint.

8ème étape - Expérimenter

C'est le moment de passer à l'action... de faire "comme si" !

A cette étape, vous serez en capacité de percevoir votre intuition à volonté, sans aucun doute, et de pouvoir la décrypter sans que votre mental, ni autre pollution, vienne vous parasiter.

Voilà succintement ce qui vous attend dans les huit étapes de l'expérience CREATIVE.

Pour chacune d'elles, vous découvrirez quatre sous-parties : la définition du terme, pourquoi est-ce difficile de..., en quoi est-ce important de... et, concrètement, comment on fait !

Vous êtes libre d'aborder cet ouvrage dans le sens de lecture que vous souhaitez, au gré du sommaire qui vous est proposé.

Toutefois, je tiens à préciser que le sens de lecture a son importance.

Vous ne pouvez pas trier les énergies et émotions qui vous appartiennent ou pas sans vous être d'abord libéré(e) de vos pollutions mentale, physique, émotionnelle et énergétique.

Vous ne pouvez pas non plus, à mon sens, utiliser votre sensibilité et votre monde intérieure pour mieux attirer à vous la réalité que vous souhaitez voir apparaître dans votre vie, si vous n'avez pas appris à trier ce qui vous traverse...

Avant d'entrer dans le vif du sujet et surtout le détail de chaque étape, je tiens avant tout à définir et à évoquer ici, dès cette introduction, quelques principes fondamentaux et lois qui agiront comme des présupposés, et que je ne chercherai pas à vous démontrer dans cet ouvrage.

Ces postulats, tirés tantôt de la physique quantique tantôt d'ouvrages spirituels, vous permettront à minima de mieux comprendre votre place au sein de l'Univers et le fonctionnement de celui-ci.

Voici les quatre principes fondamentaux :

Premier principe fondamental : Nous sommes des êtres polarisés, baignés en permanence dans un champ électromagnétique naturel, à l'origine de toute chose.

Effectivement, le noyau de la Terre agit comme une dynamo, créant ainsi un bouclier magnétique nous protégeant des radiations de l'Univers. Sans ce bouclier, nous ne pourrions tout simplement pas rester en vie.

Ce champ amène donc deux polarités : une polarité positive, cosmique, c'est-à-dire venant du ciel, une énergie Yang, communément associé au masculin. Et une seconde polarité, cette fois négative, au sens ionique du terme, une polarité tellurique, c'est à dire venant de la Terre, qui est cette fois une énergie Yin, plutôt dite féminine.

Second principe : La matière n'est que de l'énergie qui vibre en permanence.

Tout l'Univers émet en effet des vibrations ou des énergies, y compris les objets inanimés, les plantes, les animaux et bien sûr les êtres humains.

Ce que nous croyons être de la matière, n'est en réalité que de l'énergie.

Troisième principe : Tout se compose à 99,99% de vide, et ce vide est en réalité rempli d'énergie et surtout d'informations.

L'Univers et tout ce qui le compose, est alors vibratoire et informationnel, depuis l'infiniment petit (l'atome) à l'infiniment grand (le système solaire), en passant bien évidemment par notre corps qui, lui aussi, est composé à 99,99% de vide !

Enfin, quatrième principe : Tout est interconnecté.

Toutes les formes d'énergies, qu'elles soient physiques ou subtiles, sont inextricablement liées dans une vaste et complexe toile d'interaction et d'échanges. L'Être Humain est alors connecté, relié aux autres et à son environnement extérieur visible et non visible.

Parce que je serai amenée à y faire référence tout au long de cet ouvrage, je tiens également à vous partager les lois qui régissent les énergies subtiles. Je n'en retiendrai principalement que six.

Première loi : la loi de résonance.

Les énergies de même fréquence ont tendance à s'attirer mutuellement, eu égard au vieil adage qui dit "qui se ressemble, s'assemble !"

Deuxième loi : la loi de l'attraction.

Celle-ci, vous la connaissez certainement, tout du moins de nom.

Comme vous le découvrirez plus loin, elle sera très importante dans cette expérience CREATIVE de l'intuition.

Cette loi nous dit que nous attirons ce sur quoi nous concentrons notre énergie et notre attention.

Troisième loi : la loi de l'Unité.

Comme je l'ai déjà évoqué dans les principes fondamentaux, dans l'Univers, tout est interconnecté.

Pour résumer : nous ne faisons qu'Un !

Quatrième loi : la loi de la transmutation d'énergie.

Cette loi signifie que l'énergie ne peut être ni créée ni détruite, mais qu'elle peut être transmutée d'une forme à une autre.

Pour que ce soit plus facile pour vous de vous représenter l'énergie et notamment cette loi de transmutation, pensez à l'eau.

Sur Terre, la quantité d'eau, de même que pour la quantité d'énergie, est toujours la même.

L'eau peut changer de forme, passer de l'état solide à l'état gazeux, en passant par l'état liquide... puis se transformer encore et encore... indéfiniment...
La quantité restera la même.

De même, l'énergie peut changer de forme, mais elle demeure malgré tout.

Cinquième loi : la loi de cause à effet.

Celle-ci aussi, vous devez certainement la connaître. En terme d'énergies subtiles, cette loi signifie que nos pensées, nos émotions, nos actions influencent notre champ énergétique et peuvent également influencer notre santé, notre bien-être, notre environnement...

Et j'ajouterai une précision en référence à l'étude de Philippe Guillemant : "Nos intentions causent des effets dans le futur qui deviennent les futures causes d'un effet dans le présent."

Et enfin, sixième et dernière loi importante : la loi de la correspondance.

Celle-ci se réfère cette fois à l'adage qui dit "comme en haut ainsi en bas!"

C'est-à-dire que les modèles que nous voyons dans le monde qui nous entoure se reflètent ainsi à l'intérieur de nous-même, voire même, ces modèles extérieurs seraient le reflet de notre monde intérieur.

Je reviendrai bien sûr sur ces présupposés, en les replaçant dans des contextes pratiques. Mais j'avais besoin de vous les exposer dès à présent, afin que vous les ayez déjà en tête lorsque j'y reviendrai plus en détails.

Avant de commencer la lecture, je vous invite à vous munir du cahier de votre choix, qui sera votre compagnon tel un journal intime.

Prenez d'ores et déjà le pli de tout noter, vos observations, vos pensées, vos ressentis...

Au delà de ce que vous trouverez dans le présent ouvrage, vos prises de notes seront votre outil le plus précieux. Chacun a son propre langage et au fil des expériences, des questionnements et des observations, vous apprendrez davantage encore quel est le vôtre.

S'écouter pour se créer, et ainsi faire l'expérience CREATIVE de votre intuition, est la plus merveilleuse chasse au Trésor que je puisse vous proposer.

Ce livre et cette méthode sont nés d'une de mes nombreuses intuitions. Prenez autant de plaisir à vous découvrir, à vous (re)trouver, que j'en ai pris à vous écrire...

"

Tout le chemin de la vie, c'est de passer de l'ignorance à la connaissance, de l'obscurité à la lumière, de l'inaccompli à l'accompli, de l'inconscience à la conscience, de la peur à l'amour.

Frédéric Lenoir, sociologue et écrivain

"

1ère étape
CONSCIENTISER

1 - Définition de conscientiser

Je vous invite à entrer dans cette première étape de l'expérience CREATIVE de votre intuition, indispensable avant d'aborder tout changement : l'étape de Conscientiser.

Et tout d'abord, je souhaite revenir sur la définition même de ce terme si vastement employé. Il s'agit d'une représentation mentale claire de l'existence de la réalité, ou de telle ou telle chose.

Une connaissance intuitive ou réflexive immédiate que chacun a de son existence et de celle du monde extérieur.

Ou encore, une fonction de synthèse qui permet à un sujet d'analyser son expérience actuelle en fonction de la structure de sa personnalité, et ainsi de se projeter dans l'avenir.

En ce qui vous concerne, notez que votre conscience est votre observateur par excellence.

Elle vous permet de prendre de la hauteur sur les événements, sur vos émotions, votre mental, votre passé... Avant même d'entamer un quelconque nettoyage, prendre conscience est une façon de faire l'état des lieux, de tout observer avec objectivité et de la façon la plus exhaustive qu'il soit.

A noter que la conscience semble bien totalement indépendante du fonctionnement de notre cerveau (thèse de doctorat de François Lallier, faculté de médecine de Reims, en décembre 2014). Cela signifie que notre conscience voyagerait bien au delà de notre corps...

> A un moment donné, quand on se crée soi-même pour réussir, soit on doit lâcher prise de cette création et prendre le risque d'être aimé ou haï pour qui on est vraiment, soit il faut tuer qui on est vraiment et périr en s'accrochant à un personnage qu'on n'a jamais été.
>
> Jim Carrey, acteur, documentaire Jim & Andy

2 - Pourquoi est-ce difficile de conscientiser ?

• La blessure originelle

Une des premières raisons qui, selon moi, rend difficile le fait de prendre conscience de Soi, est votre blessure originelle.

Vous vous incarnez sur cette Terre, et vous êtes telle la fontanelle qui se referme. Cette zone de membrane cartilagineuse située sur le crâne du bébé, qui disparaît pour laisser place aux os, est la parfaite métaphore de votre filtre qui se forme et qui vous fait oublier d'où vous venez.

Votre âme semble dotée d'une conscience absolue, d'une omniscience, d'une sensibilité accrue, d'une interdépendance avec tout ce qui l'entoure. Seulement, votre incarnation semble vous en couper.

Vos souffrances proviendraient du fait que vous vous croyez séparés, coupés du Grand "Tout". Vous avez oublié l'âme sensible que vous êtes.

Et tout le chemin de l'être humain serait alors de venir faire l'expérience de la séparation, lors de sa naissance. Charge à lui, tout au long de sa vie, de trouver le moyen de dépasser sa souffrance liée à la déchirure d'avec la Source, d'avec ce vaste champ énergétique, appelé également Univers, Dieu, Tao, etc...

* Le refoulement de votre sensibilité

Peut-être que vous aussi, vous l'avez vécu. Peut-être que vous aussi, vous avez dû refouler votre sensibilité pour tenter de vous faire accepter, voire même de vous sentir aimé(e).

Votre sensibilité ? C'est tout ce qui vous permet d'être en relation avec le monde, et donc en contact avec la réalité à travers plusieurs dimensions sensibles : les sensations, les émotions, les sentiments et les intuitions. La sensibilité serait même l'aptitude à s'émouvoir, à éprouver des sentiments d'humanité, de compassion, de tendresse envers autrui.

Seulement, dans un monde qui rime davantage avec productivité plutôt qu'authenticité, il est bien rare d'avoir la place et le loisir d'exister comme étant un être naturellement sensible, relié à sa nature profonde et donc, relié à son intuition.

Vous pouvez alors prétendre être ce que vous n'êtes pas, pour faire plaisir aux autres, et commencer à jouer des rôles, par peur d'être rejeté.

Et pire encore, vous pouvez élaborer une image de ce qu'est la perfection afin d'essayer d'être toujours comme il faut, pour être accepté par tout le monde.

Mais n'étant pas parfait, vous vous rejetez vous-même, car vous ne vous pardonnez pas de ne pas être tel qu'il le faudrait, tel que vous croyez devoir être. Vous ne voyez pas la vérité en raison des fausses croyances qui encombrent votre esprit. Votre esprit est dans le brouillard, le "mitote", comme disent les Toltèques.

- L'éventuelle dissociation

En psychologie, la dissociation est une "séparation fonctionnelle entre des éléments psychiques ou mentaux qui sont habituellement réunis". Ainsi, la prise en compte de la réalité et du vécu est inhibée (pensée, jugement, sentiment), de façon temporaire ou durable, pour supporter un traumatisme psychique.

Parfois, il y a en effet faillite de l'environnement à un moment où l'enfant n'était encore qu'au stade de dépendance absolue. Dans ce cas, la réalité "non moi" apparaît prématurément et devient envahissante, violente, voire traumatisante, qu'il y ait ou non réel abandon, réel traumatisme.

Il n'y a parfois pas de place pour les états d'âme, les inquiétudes, les angoisses. Obligé de grandir vite et prendre le contrôle de l'environnement.

Pas le droit d'être vulnérable ; vous vous devez d'être obéissant. Votre survie psychique en dépend. Vous faites alors tout pour répondre aux exigences parentales et vous faire aimer.

L'adaptation aux besoins parentaux conduit au développement de ce que Winnicott appelle le faux self, ce faux Soi.

Prendre conscience, regarder à l'intérieur de Soi pour mieux percevoir vos intuitions est donc d'autant plus difficile pour ceux d'entre vous qui auraient subi un quelconque traumatisme.

- L'énergie que cela demande

Enfin, quatrième point qui selon moi rend difficile le fait de Conscientiser, d'observer votre réalité, est l'énergie que cela demande.

Dans l'incapacité de vous (re)connecter au Grand Tout, vous êtes en recherche perpétuelle d'énergie. Et la plus nourrissante d'entres elles est l'Amour bien sûr, que vous semblez avoir perdu.

Vous êtes à la recherche de l'amour inconditionnel quand l'amour sur cette Terre semble trop souvent conditionnel.

Au delà des luttes de pouvoirs auxquels vous vous adonnez pour récupérer de l'attention, de la reconnaissance, de l'amour et donc de l'énergie, vous allez privilégier naturellement les automatismes. Pourquoi ? Par économie d'énergie.

Si vous avez votre permis de conduire, l'image va vous parler tout de suite.

Observer l'effort que l'apprentissage vous a nécessité et observer l'énergie dont vous avez besoin aujourd'hui pour conduire votre voiture.

Aujourd'hui, vous n'avez plus besoin d'en avoir "conscience". Vous pouvez conduire en laissant piloter votre inconscient.

Pour mieux comprendre encore, voici les deux systèmes détaillés par Daniel Kahneman, dans son livre Système 1, système 2 : les deux vitesses de la pensée.

Un premier système, dit système 1 : il s'agit du système cognitif qui fonctionne de manière automatique, involontaire, intuitive, rapide et demandant peu d'effort. Il se met en place par association d'idées, d'images, de souvenirs. De manière générale, le système 1 est le système du raisonnement utilisé par défaut, car il est le moins coûteux en énergie. C'est également lui qui est à l'origine de la créativité, grâce aux multiples associations intuitives qu'il effectue.

Un second système plus lent, dit système 2 : il s'agit du système le plus souvent – à tort – associé à la faculté de pensée. Il nécessite une certaine concentration et une certaine attention de la part de l'individu. Il intervient dans la résolution de problèmes complexes, grâce à son approche plutôt analytique. Il est toutefois plus lent que le système 1 et intervient lorsque le ce dernier est confronté à un problème nouveau auquel il ne sait pas répondre.

Dans une société qui demande d'aller de plus en plus vite, on vous demande indirectement de fonctionner le plus souvent possible en mode automatique.

C'est comme si on vous demandait d'éviter de tout remettre en question, de tout conscientiser. Selon moi, l'important est l'équilibre.

Les deux fonctionnements sont importants et ont leur plus-value dans notre évolution. Nous le verrons plus en détails un peu plus loin.

Certaines personnes peuvent donc passer une grande partie de leur vie à s'anesthésier, et voir les jours passer tout en restant en pilotage automatique. Par "flemme", par fuite de ses responsabilités, par manque de détermination ou d'envie de grandir, le système 2 est alors très peu sollicité.

A l'inverse, d'autres (et c'est souvent le cas des êtres hypersensibles), peuvent conscientiser à outrance, au point de s'épuiser dans cette recherche pour trouver des solutions à tous les problèmes. Recherche de sens aussi là où parfois il n'y en a malheureusement pas. Elles perçoivent beaucoup de choses, de tous leurs sens et surtout sans filtre.

Je pense en particulier à une amie qui en est arrivée au burn out. Elle se jugeait sans cesse de "personne lente". La société lui renvoyait ce soi-disant dysfonctionnement. Alors, qu'en réalité, elle sait particulièrement conscientiser, détricoter des éléments complexes, prendre du recul, être force de proposition dans une équipe de travail.

Prendre conscience de ce qui dissonne, de ce qui dysfonctionne est sa marche normale. Seulement, cela demande du temps, de l'observation, de l'énergie, et dans notre société actuelle, cela n'est souvent pas "acceptable" car pas assez "rentable".

À fonctionner ainsi, vous devenez vite dérangeant. Et surtout, à force, vous n'avez tout simplement plus assez d'énergie pour prendre conscience de vos propres problèmes à résoudre.

3 - En quoi est-ce important de conscientiser ?

• Conscience : garde-fou de votre inconscient

Dans son fabuleux livre De l'esprit à la matière, Dawson Church rappelle que "Quand notre conscience change, le monde change aussi."

Pourtant, l'inconscience, cette "privation permanente ou momentanée de la conscience", représenterait selon les chercheurs en sciences cognitives, 95% de votre fonctionnement. Seuls 5% de votre fonctionnement se ferait en conscience. Chaque nouvelle découverte, chaque apprentissage ou souvenir sont portés à votre conscience un temps seulement, puis, une fois acquis, validés, basculent dans votre inconscient qui les intègre au sein de ses programmes automatiques (croyances, schémas de pensée…).
Là où vous pouvez faire simultanément plusieurs choses inconsciemment, vous ne pouvez en revanche n'en faire qu'une seule à la fois, en pleine conscience.

- Nettoyage de vos filtres

Lorsque mes enfants étaient petits, je me rappelle être tombée sur un livre dans une bouquinerie s'intitulant "Tout se joue avant 6 ans". Avec horreur, je constatai que mes deux enfants avaient dépassé cet âge. J'ai cherché à comprendre pourquoi ce titre et comment défier la prophétie...

Cela signifie en fait qu'avant 6 ans, (en réalité, avant l'âge de raison), un enfant n'est qu'un subconscient qui navigue principalement dans un monde imaginaire. N'ayant pas encore d'esprit critique, l'enfant peut à loisir se "faire programmer" des croyances qui entreront en lui comme une vérité absolue.

Ce qui m'amène à faire le parallèle avec ce qu'est une perception.

La perception classique se décompose en trois étapes :

- L'étape sensorielle : perception de l'information par vos sens.
- L'étape perspective : capacité à tenir compte du contexte et à mettre en perspective l'information.
- L'étape cognitive : donner une interprétation à ce que vous venez d'observer, laquelle est influencée par votre éducation, votre culture et vos croyances. Ces dernières teintent, voire déforment alors votre perception du monde.

Ainsi, pour percevoir de la manière la plus objective qu'il soit votre intuition, vos filtres doivent être les moins présents possibles, les moins déformants et obstruants. La pleine conscience demande en effet toute votre attention, votre ancrage dans le présent, de l'énergie et du temps.

Le fonctionnement de la conscience a un rythme plus lent que l'inconscience. Malgré tout, le pouvoir de la conscience est indispensable puisque celle-ci est créatrice. Et pour faire entrer un nouveau programme dans votre inconscient, votre conscience doit donner son "accord".

Les publicistes l'ont bien compris. Sur un procédé proche de l'hypnose, ils savent endormir notre conscience avec des redondances, des gimmicks, des masses d'informations pour mieux faire passer en nous leur message et parler directement à notre inconscient : de l'émotion, des images, une storytelling... Et hop ! Ce besoin auquel vous n'aviez jamais pensé arrive à entrer à l'intérieur de vous, en déjouant le contrôle de votre conscience. Voilà comment vous pouvez vous surprendre à penser d'un coup que ce shampoing vous est désormais indispensable ou que grâce à cette boisson, vous aurez plus d'amis...

Les images subliminales, les associations d'idées, les faux-souvenirs... Le langage parfait pour votre inconscient : métaphorique et rapide, il échappe à votre garde-fou qui, lui, n'y comprend rien.

Les contes ou la propagande suivent ce même principe : intégrer en vous des histoires que votre inconscient accepte comme étant des vérités absolues, sans avoir pu les remettre en question.

Sélectionner en amont ce qui va par la suite déterminer vos comportements ou vos futurs objectifs : voilà l'importance principale de prendre conscience, avant toute chose.

Sans cela, vous ne seriez alors plus créateur de votre vie car entièrement laissés aux mains de vos programmes déjà en place. Et les intuitions que vous pourriez percevoir ne seraient alors que le reflet de votre monde intérieur.

- Ouverture d'esprit et spiritualité

Avoir le courage de prendre le temps de conscientiser vous assure un nécessaire et salutaire travail sur vous.

Lors de mes formations, j'ai souvent entendu dire que cette première étape de conscientisation représente déjà la moitié du travail, d'où la part importante que cette étape tient dans ce présent ouvrage. Cette ouverture d'esprit, cette remise en question est le terreau propice à tout changement. Il semble bien qu'aucun changement ne peut advenir de manière pérenne sans réelle prise de conscience des choses au préalable.

Cette première étape peut sembler désagréable car, regarder votre ombre en face, c'est-à-dire toutes les facettes de votre personnalité que vous avez rejetées, peut être un choc.

Lorsque j'ai fait moi-même ce travail, je me suis aperçue à quel point je m'étais menti, à quel point j'avais pu manipuler inconsciemment les autres pour ne surtout pas regarder mes failles et mes blessures en face.

Mais bien qu'inconfortable, cela est nécessaire à une belle ouverture d'esprit et à un développement spirituel intègre.

- Récupération d'énergie et discernement

Toujours dans l'esprit à la matière, Dawson Church nous cite "L'Esprit contrôle le Qi et le sang suit le Qi."

Cela signifie que l'Esprit contrôle l'énergie qui contrôle elle-même la matière.

L'idée de récupérer suffisamment d'énergie pour "prendre conscience" de vous, revient à prendre le contrôle de votre énergie, à vous placer au-dessus de ce cercle continu qui est formé par votre mental et votre subconscient.

Je rappelle que votre subconscient régit à 95% votre fonctionnement. Que celui-ci est rempli de croyances qui, pour la plupart, ont été posées là sans votre consentement conscient puisqu'au moment où elles ont été déposées, celui-ci n'existait tout simplement pas encore.

Votre mental, une fois développé, ne pèse malgré tout que 5% dans votre fonctionnement. Vous voilà alors dans cette danse de vouloir changer des choses ou des comportements, mais de ne pas comprendre pourquoi vous n'y arrivez pas.

Pourquoi vous sentez-vous prisonnier ? Parce qu'entre votre mental et votre subconscient, il se joue la même relation qu'entre l'oeuf et la poule, au regard de la loi de la résonance.

Votre subconscient exprime, somatise et matérialise vos croyances en créant votre réalité.

Et en parallèle, votre mental qui génère plus de 60 000 pensées par jour, imprime vos programmes et conforte ainsi vos croyances.

Des études scientifiques montrent que 90% de ces pensées seraient même semblables à celles que vous avez eu la veille.

Pour peu que celles-ci soient chargées de peur et non d'amour et de joie, vous pouvez tourner ainsi une bonne partie de votre vie sans savoir comment en sortir !

Si vous souhaitez la paix autour de vous, il convient alors de faire la paix à l'intérieur de vous.

Prendre conscience, c'est observer ce jeu, ce manège en se plaçant au-dessus... en ne s'y accrochant plus. Le monde n'existe pas sans observateur.

Il est plus facile de comprendre le fonctionnement d'un tourniquet lorsque vous êtes face à lui, sur la Terre ferme, plutôt que lorsque vous êtes installé(e) dedans à tourner, à être brassé(e) au point même d'en avoir la nausée.

> **"**
>
> Grâce à sa capacité d'autoreflexion, le conscient est extrêmement puissant. Il est capable d'observer tous nos comportements programmés, de les évaluer et de décider consciemment notre manière de réagir à la plupart des signaux de l'environnement, d'y répondre ou pas. La capacité consciente d'outrepasser les automatismes du subconscient constitue le fondement du libre arbitre.
>
> Bruce H. Lipton, La biologie des croyances
>
> **"**

4 - Concrètement, comment on conscientise ?

- L'observation de vos filtres

Lorsque ma fille était petite, prendre du recul et observer les choses en pleine conscience était un exercice terriblement difficile. Je me souviens alors lui avoir mélangé dans un verre de l'eau et de l'argile. Ce soir-là, je lui ai dit "tu vois, ton esprit est comme cette eau, actuellement trouble. Il est impossible d'y voir clair." J'ai alors laissé le verre posé une nuit et au matin, l'argile avait pris place au fond du verre et, dans la partie supérieure, l'eau avait presque retrouvé sa totale transparence.

Laissez poser et observez vos filtres sereinement. Et pour cela, rien de mieux qu'une prise de notes. Que vous aimiez ou non écrire, noter est très important. Observez vos doutes, vos manques de confiance en vous et en la vie, vos obligations de résultat, vos attentes, vos préjugés, vos croyances, vos peurs, vos pensées, vos angoisses, vos attitudes, vos réactions...

Notez absolument tout, en toute bienveillance envers vous-même et en faisant preuve d'authenticité.

Traquez vos dissonances, par exemple quand vous dîtes "oui" alors que vous pensiez "non" ou inversement... Notez les événements, les attentions qui vous mettent en joie. Mais notez surtout ce qui crée en vous de l'inconfort, de la tristesse, de la mélancolie, de la frustration.

Pour mieux percevoir votre intuition, et ne pas risquer de la confondre avec votre mental, il est indispensable de remettre en question vos filtres.

Des croyances, vous en aurez toujours. Seulement, il est primordial de ne garder en vous que ce qui est aligné avec vous, pour que votre tube soit droit et votre perception juste.

Et pour mieux les observer, il convient de les noter.

Je me souviens avoir pris un petit répertoire et avoir énuméré par ordre alphabétique toutes mes croyances, sur tous les thèmes de société possibles et imaginables. L'amour, l'amitié, la bêtise, la complicité, la drogue, ..., la maternité, la mort, le travail, la sexualité, etc.

A chaque expérience de vie qui ne me procurait pas de joie, je posais par écrit l'événement et tentait de nommer avec objectivité quelle était la croyance cachée derrière... Et donc, quelle dissonance cela procurait en moi. Il m'a été plus facile alors de découvrir avec étonnement ce à quoi je croyais, ce qui "dictait" ma vie, sans même en avoir pris conscience avant.

Observez et notez ce que ce mot, cette phrase, cette réflexion vous procurent. De la colère ? De l'injustice ? Vous trouverez à savoir pourquoi plus tard, à nettoyer ainsi votre tube. Mais avant tout, il convient d'observer. Sans chercher à changer quoi que ce soit !

Vos luttes de pouvoir, votre envie d'avoir raison, d'écraser l'autre ou au contraire, vos manques de positionnement, de limites, les étiquettes auxquelles vous vous conformez, qu'on a collées sur vous et que vous avez acceptées...
Observez vos émotions, vos sautes d'humeurs, vos changements d'état... notez tout !

- Virage à 180° : Tout est possible !

Le virage à 180° que je vous propose, est de prendre conscience que votre sixième sens est déjà là. Si toutefois vous doutiez que vous ayez de l'intuition, croyez à l'intuition malgré tout. Des preuves, vous en aurez. Plus tard peut-être. Mais avant tout, vous ne devez plus en douter.

Vous baignez dans un champ informationnel. Plus de 200 000 informations douchent inconsciemment chaque jour votre corps. Prenez la décision, en pleine conscience, d'écouter désormais attentivement vos intuitions intérieures, lorsqu'elles se présenteront, et peu importe à quel point vous les avez jugées ou réprimées auparavant.

Simplifiez-vous la vie en éliminant de votre conscience les complications et les résistances (trop coûteuses en énergie). Sortez des règles telles que "je devrais", "je dois", "il faut que", "je n'ai pas le choix de"...

Privilégiez de regarder la vie d'un point de vue optimiste, en retenant le meilleur de chaque chose, de chaque personne, en actant que désormais la vie est un jeu. Un jeu de piste.

Le sérieux bouche votre tube. Emerveillez-vous ! Jouez, comme un enfant. Cherchez en vous le "tout est possible".

Vous êtes de nature "speed" ? Soit. Cela ne vous empêche pas de faire le calme en vous. Car l'agitation ne vous permettra pas d'observer quoi que ce soit.

Vous avez peur de la solitude ? Soit. Vous allez pouvoir regarder cette peur et voir ce qu'il se cache derrière.

Vous aimez quand tout est parfait et craignez de découvrir une part de vous inavouable ? Soit. Vous êtes tout à la fois. Le noir comme le lumineux, et à l'image du Yin et du Yang, vous êtes toutes les facettes d'une même pièce, avec vos oppositions et vos contradictions.

Vous pensez être altruiste ? Virage à 180°. Chercher les indices qui montrent les fois où vous êtes égoïste, en toute honnêteté. Observez. Notez ce qui vous a amené à vous leurrer sur cet état de fait.

N'oubliez pas que l'important est de partir à la recherche du trésor... Il est donc nécessaire de voir tout événement ou toute chose qui se passe dans votre vie comme un indice. Quelle leçon y a-t-il à tirer de telle situation ? De tel conflit ? Qu'est-ce que celui-ci m'apprend sur moi ? Notez.

- La vie sous l'effet Waoua ! (alignement de votre tube)

J'ai souvent utilisé ce terme dans mes ateliers, "l'effet Waoua", car au fond, je ne trouve pas d'autres manières de l'exprimer autrement et aussi bien.

Ce que j'appelle "effet Waoua", c'est ce moment suspendu qui intervient lorsque nous sommes devant un spectacle magnifique, tel un coucher de soleil par exemple.

Plus de bla-bla. Pas de place aux remords, aux regrets, aux ressentiments, aux jugements... Lorsque je suis devant ce coucher de soleil, je ne m'oublie pas à son profit. Je suis là. Devant lui. Sa puissance entre en moi, et je lui renvoie tout mon amour. Nous existons tous les deux et à la fois, je ne cherche pas à exister plus que lui. Pas de place pour le "oh, il était bien plus joli celui de la semaine dernière" ni "qu'est-ce que c'est surfait d'observer un coucher de soleil" en encore moins "J'ai peur. Il va bientôt faire noir".

Pour moi, l'effet Waoua, c'est d'être dans une présence pure, remplie d'amour.

Exercez-vous, quotidiennement, à inscrire votre pleine conscience dans le présent, à décupler cette hyper-conscience.

A l'appui des principes et lois évoqués dans l'introduction, prenez conscience de votre place dans l'Univers, et avant cela, entraînez-vous chaque jour à observer en toute objectivité là où vous êtes.

Il y a plus de dix ans, j'ai suivi sur deux ans une formation de Programmation Neurolinguistique (PNL) afin de devenir coach certifiée. Le premier exercice : pleine conscience !

Marcher les pieds nus dans l'herbe qui entoure notre centre de formation. Mon corps. Un pas. Puis un autre. Cet ennui. Sentir cet équilibre instable à chacun de mes pas. Ma respiration. Elle se calme. Se régularise. La chaleur sur mes joues. Mon estomac qui gargouille. Le vent dans mes cheveux. Mes pensées sur le temps qui passe. Ces oiseaux. L'avion. Le silence. Les voitures sur la départementale au loin. Le tracteur tondeuse du voisin. Mes pieds nus au sol, encore. Ces herbes entre mes doigts de pieds. Ce papillon orange qui virevolte autour de moi… l'air qui entre dans chacune de mes narines. Qui descend… et ressort.

45 minutes de prise de conscience. Je n'aurais jamais imaginé découvrir tout ce que j'ai découvert ce jour-là, sans parler même de ma capacité d'attention que je pensais réduite à 10 secondes maximum.

"Porter votre attention sur quelque chose", être en pleine conscience requiert de tout accueillir sans tri ni jugement. Sans aucune priorité à ceci plutôt qu'à cela. Tenter de regarder le monde sans filtre. Aucun. Chercher à tout observer, de tous vos sens. Tout est là. A sa place.

Et découvrir "qu'il se passe toujours quelques chose" comme cela est si bien exprimé dans Le Guerrier Pacifique de Dan Milman. Se recentrer sur soi. Car c'est depuis votre intérieur que vous pouvez vous reconnecter aux autres et au monde extérieur. Prendre l'habitude le plus souvent possible.

Sous votre douche. En faisant la vaisselle... En épluchant vos légumes... En marchant, tout simplement. Prendre conscience que vous êtes en vie.

Imaginez que vous n'êtes qu'un tube : cela forge l'humilité. Et à la fois, libérez-vous de votre égo, de cette représentation que vous avez de vous-même en tant que personne, en tant qu'individu séparé du monde.

De plus, si vous pensez sans cesse au passé ou au futur, vous créez des coudes et l'eau (métaphore de l'information de votre intuition) ne circulera pas correctement.

Si vous gardez des rancœurs, des colères, des jugements, des pensées et autres avis sur tout, vous créez des bouchons dans votre tube, et l'eau, là non plus, ne circulera pas. Un tube se doit d'être propre avant toute chose. Aligné. Dans le présent. Nettoyé. Sans filtre. Pour vous aider, recherchez en vous la curiosité et l'émerveillement de l'enfant.

Interrogez-vous comme le fait si justement Jiddu Krishnamurti, dans Se libérer du connu : "Lorsque nous pensons voir un arbre, une fleur ou une personne, les voyons nous réellement , ou voyons nous l'image que le mot a créée ? Les voyons nous seulement avec nos yeux et notre intellect ou le voyons nous totalement, complètement ?"

Et enfin, pour reprendre cette fois les propos d'Eckart Tollé dans Le pouvoir du moment présent, "Soyez présent en tant qu'observateur de votre mental, c'est-à-dire de vos pensées, de vos émotions et de vos réactions dans diverses situations.

Accordez au moins autant d'attention à vos réactions qu'à la situation ou à la personne qui vous fait réagir.

Remarquez aussi la répétitivité avec laquelle votre attention se fixe sur le passé ou l'avenir. Ne jugez pas et n'analysez pas ce que vous observez. Regardez la pensée, sentez l'émotion, surveillez la réaction. N'en faites pas une problématique. Vous sentirez alors quelque chose de plus puissant que n'importe lequel de vos sujets d'observation : la présence calme qui observe de derrière le contenu du mental, le témoin silencieux."

Les individus hypersensibles éprouvent l'Univers vibratoire au plus profond de leur chair. Tout est vibration : la lumière, la musique, les ambiances. L'harmonie est une évidence ; la moindre dissonance est source de souffrance.

Dominique Paulin, La Turberculose et le Génie créateur

2ème étape
RESSENTIR

5 - Définition de ressentir

Ressentir. Nous y voilà ! J'ai conscience que cette nouvelle partie peut paraître anxiogène pour certains d'entre vous.

Je précise que chaque étape, vous le verrez, englobe la précédente. Raison pour laquelle Conscientiser a été si étayée. En effet, il ne s'agit pas de s'être entrainé(e) à conscientiser et hop, de tout oublier !

La conscience sera désormais présente dans chacune des étapes qui va suivre. Vous allez par exemple constater que ressentir est une chose. Ressentir en conscience en est une autre.

Alors tout d'abord, là encore, quelques mots sur la définition.

Ressentir, c'est éprouver une sensation, un état physique, en être affecté de façon agréable ou pénible.

Eprouver telle disposition à l'égard de quelqu'un, de quelque chose, tel sentiment. Exemple : ressentir une grande joie à l'annonce d'un événement.

Etre particulièrement affecté(e) par quelque chose, subir les effets de quelque chose.

"

L'extrême sensibilité est la clé qui ouvre toutes les portes, mais elle est chauffée à blanc et brûle la main de celui qui la saisit.

Christian Bobin

"

6 - Pourquoi est-ce difficile de ressentir ?

- Trop coupé

Vous pouvez vous être coupé(e) de vos ressentis, pour toutes sortes de raisons, traumatismes par exemple, comme expliquées dans la première partie de ce livre. Ou encore, en être coupé(e) sans raison apparente ; trouver du confort à cela, et donc ne pas avoir envie de faire l'expérience de votre corps, au risque de revivre des émotions qui y seraient restées engrammées, sans que vous en ayez conscience.

Vous pouvez préférer lâcher ce corps qui vous limite et qui vous fait souffrir, pour vivre juste au-dessus... Flotter dans les airs vous donne le sentiment d'être libre, enfin ! Finies l'aliénation et les relations compliquées.. Laisser votre corps bouger sans ne plus être dedans. Etre un spectateur privilégié avec une conscience élargie : aux premières loges pour voir votre personnage jouer son plus grand rôle. Là haut, vous vous sentez protégé(e), inatteignable...

J'ai frôlé la mort à deux reprises dans ma vie : sauvée de justesse d'une noyade aux alentours de mes dix ans et d'un accident de voiture dans laquelle j'étais passagère, il y a plus de vingt cinq ans.

Pour l'un comme pour l'autre événement, j'ai connu instantanément cette coupure, extrêmement franche d'avec mon corps. Comme si, à ces deux moments, je n'étais plus qu'une conscience qui observait les scènes d'en haut, au ralenti, sans aucune crainte de souffrir. Je ne pouvais craindre la souffrance puisque la souffrance est dans le corps et qu'en l'occurrence, pour un temps, je n'y étais plus...
Après ce genre d'événement, revenir alors dans votre corps peut paraître ainsi inenvisageable.

Par ailleurs, il peut être facile de vous sentir coupé de vos ressentis, tout simplement car dès la naissance d'un enfant, l'adulte tente de le décrypter en observant avec précision son petit corps. Est-ce qu'il a faim, soif, envie de faire un rot, peur, chaud, froid... ?

Mais très rapidement, ce même adulte va trancher et décider le plus souvent à la place de son enfant qui grandit.

Il ne permet alors plus à ce dernier de se laisser aller à écouter ses propres ressentis : "mets un pull, tu vas avoir froid", "Mange, c'est l'heure. Si tu ne manges pas maintenant, tant pis pour toi. Ce sera trop tard ensuite. Tu ne viendras pas te plaindre" , "non, tu n'as pas mal, ça saigne à peine", "pourquoi tu bailles ? Avec ce que tu as fait comme sieste, tu ne peux pas être fatigué !", "tu fais du cinéma, arrête de pleurer, y a pas à être triste". "Tu as encore soif ? Bah, tu viens de boire. Tu te moques de moi ?"...

L'enfant va alors grandir et ainsi nourrir et entretenir son corps tel qu'on lui aura enseigné, et non pas en écoutant ses propres ressentis. Nous pouvons manger à midi ou finir notre assiette, parce que cela a toujours été comme ça, et non parce que nous avons faim.

Votre corps fonctionne malgré tout sans que vous ayez besoin de le ressentir, ce qui amplifie d'autant ce manque d'intérêt facile pour lui.
S'il fonctionne sans vous, pourquoi alors s'en préoccuper ?

- Trop d'informations

Vous pouvez à l'inverse vivre un débordement de ressentis, depuis toujours ou alors depuis un événement particulier (un deuil, un burn out, un divorce, un choc émotionnel quel qu'il soit). Vous sentir "hypersensible", en ressentant tout à l'extrême, un monde riche en informations, au point de vivre difficilement votre quotidien.

J'ai rencontré un homme qui n'avait jamais ressenti "de problème" de perceptions. Seulement, après une lourde opération au cerveau, il s'est vu pendant le mois qui a suivi, être en hyper-connexion. Il percevait tout, à l'extrême. Tel un médium, il avait depuis lors, accès à des informations que son esprit rationnel n'avait jamais envisagé jusqu'ici.

Je n'ai pas subi ce genre d'opération, pour autant, j'ai vécu ces deux extrêmes tantôt coupée de mon corps, tantôt hyper-réactive. J'ai mesuré à quel point cela est difficile de ressentir les choses dans une juste mesure, difficile de replacer le curseur au bon endroit.

Etre épuisée, tantôt par le maintien chaque jour de cette carapace me coupant de mes ressentis ; tantôt par cette hyper-stimulation liée aux informations que je percevais par centaines sans réussir à les interpréter...

- Le stress en question

Les situations de stress mettent à mal la connexion aux ressentis de votre corps.

Lors d'un stress (qu'il soit physique, chimique ou émotionnel), votre attention devient convergente. L'idée est de déployer le mode "survie" et de trouver les solutions adéquates. Dans ce cas, cette convergence vous raccroche au connu, au matériel.

En cas de stress, la connexion à votre intuition semble donc compromise.

A l'inverse, en situation de détente et de relaxation, votre attention est divergente. Cela signifie que votre conscience est alors élargie, vous devenez plus souple, plus agile, créatif et vous retrouvez un regain d'énergie.

Dawson Chrurch précise que "lorsque la conscience change, les ondes cérébrales changent ", en justifiant cela par le fait que "l'amour et la peur représentent les deux valeurs extrêmes du spectre de la vie."

Dans une situation de peur, le pont alpha disparaît, les ondes thêta et delta sont encore là mais nous sommes coupés de l'accès à notre esprit conscient et à sa connexion avec le Tout universel.

Les ondes bêta inondent le cerveau en panique qui passe alors en mode survie.

En revanche, lorsque nous sommes dans la joie, le cerveau (sur l'électroencéphalogramme) présente le schéma de l'Esprit Eveillé. Plus heureux encore, cette figure évolue vers une symétrie parfaite entre les deux hémisphères, un état que Cade appelle l'Esprit Evolué. Lorsque notre conscience est pleine d'amour, le cerveau fonctionne très différemment, on voit alors de larges plages de delta et de thêta avec, en plus, le pont alpha reliant l'esprit conscient à l'esprit inconscient."

Les ondes alpha (comprise entre 7,5 et 12,5 Hertz) s'atteignent lorsque votre esprit est calme et alerte, souvent associé à une relaxation profonde. Le lien entre l'état alpha et la relaxation est étroitement lié aux effets des ondes alpha sur le cerveau.

En atteignant cet état, on peut expérimenter une réduction du stress et de l'anxiété, ce qui contribue à la sérénité.

Et vous découvrirez plus loin que ces ondes alpha, correspondant à un état de rêverie, sont la fréquence idéale pour introduire des nouvelles programmations dans notre cerveau, des intentions en vue de percevoir des intuitions.

Cette fréquence peut être difficile à atteindre en pleine journée... Raison pour laquelle, les informations (vécues par certain(e)s comme étant des crises d'angoisse), se font plus présentes à la tombée de la nuit, au moment du coucher... le moment propice pour notre cerveau de descendre dans cette fréquence alpha.

Dans la nature, les animaux ayant été soumis à un stress important (une antilope, par exemple ayant réussi à échapper à un lion), ont besoin de repos pour rétablir l'équilibre, l'homéostasie dans leur corps.

Le problème devient majeur lorsque le stress est prolongé !

L'énergie déployée pour "lutter", "résister" aux attaques extérieures, pour "combattre" ou pour "fuir" ne vous permet plus d'en avoir assez pour votre propre monde intérieur, pour votre propre auto-guérison. Ce qui ne tardera pas à vous rendre malade.

Pour étouffer ce stress qui se matérialise à terme par des tensions physiques, des blocages et autres noeuds corporels, la solution bien trop souvent utilisée est l'absorption de médicaments, et notamment d'anxiolytiques ou d'antidépresseurs.

Avant de décrypter le langage de mon corps, j'ai longtemps souffert de douleurs généralisées. Le fait d'avoir une anomalie génétique, ce fameux syndrome d'Ehlers-Danlos, a été la voie royale pour la plupart des spécialistes que j'ai croisés dans la première partie de ma vie.

Tout était prétexte à attribuer mes douleurs à ce syndrome. Seulement, je ne supportais pas de vivre des douleurs en mode aléatoire : parfois oui, parfois non. Mon observation m'a permis malgré tout de découvrir l'impact du stress sur celles-ci.

N'ayant au départ pas d'autres alternatives, j'ai mangé des anxiolytiques pendant quelques années.

J'ai cédé à cette facilité, comme vous peut-être l'avez fait. Tout couper en attendant de comprendre ce que mon corps avait à me dire. Et c'est ainsi. Quand cela est trop difficile, ce type de béquille reste une aide temporaire dont il n'est pas utile d'avoir honte.

- Epigénétique trans-générationnelle

L'épigénétique transgénérationnelle est un domaine fascinant de la biologie qui étudie comment les modifications de l'expression des gènes peuvent être transmises de génération en génération. Contrairement aux mutations génétiques qui modifient directement la séquence d'ADN, les changements épigénétiques peuvent être influencés par l'environnement et les expériences vécues. Ces altérations épigénétiques peuvent être héritées par les générations suivantes, affectant ainsi la santé et le développement des descendants.

Les études sur l'épigénétique transgénérationnelle ont montré que des facteurs tels que l'alimentation, le stress, l'exposition à des toxines et d'autres expériences de vie peuvent avoir un impact sur la régulation des gènes et être transmis aux générations futures. Cela soulève des questions importantes sur la façon dont votre mode de vie et votre environnement peuvent influencer la santé de vos descendants. Et comprendre également comment vos ressentis corporels peuvent être influencés par vos ascendants.

Comprendre ces mécanismes épigénétiques permet de mettre en lumière l'importance de prendre soin de votre santé pour le bien-être des générations futures.

> Les personnes sensibles peuvent souffrir davantage que celles qui sont insensibles, mais elles découvriront des choses extraordinaires si elles apprennent à apprivoiser et à transcender leur souffrance.

Jiddu Krishnamurti, penseur

7 - En quoi est-ce important de ressentir ?

- Votre temple

Vous êtes naturellement en santé si vous ne troublez pas votre corps. Le corps est votre temple, une merveilleuse structure qui mérite d'être chérie et respectée, qu'il réponde à vos critères ou non de perfection. C'est à travers lui que vous vivez vos expériences, ressentez le monde qui vous entoure et interagissez avec les autres.

Prendre soin de votre corps revient à lui offrir l'attention et les soins nécessaires pour qu'il puisse fonctionner au mieux de ses capacités. En prenant soin de votre corps, vous honorez votre santé physique, mentale et émotionnelle.

Pour traverser la vie, et en le considérant comme votre temple, vous lui permettez de vous guider vers un état de santé et de bien-être optimal. Il est important de se rappeler que prendre soin de votre corps n'est pas un acte égoïste, mais plutôt un acte d'amour envers vous-même et envers ceux qui vous entourent.

- Votre corps : votre outil

L'intuition passe par le corps pour se matérialiser. Plus exactement votre sixième sens devra se traduire par vos cinq sens pour être ensuite interprété par votre conscience.

Vos cinq sens sont également appelés en PNL le VAKOG (vos sens Visuel, Auditif, Kinesthésique, Olfactif et Gustatif).

Il est donc indispensable que vous appreniez à vous familiariser avec votre VAKOG pour reconnaître plus facilement et rapidement les signaux de votre corps. Vous envoie-t-il ces signaux pour vous informer d'une dysharmonie, d'une maladie éventuelle ?
Ou perçoit-il une information, une énergie subtile ?

Votre corps est votre outil, le langage de votre âme, votre boussole, votre pendule.

Votre corps est authentique. Il ne ment jamais. Il ne fait pas la différence entre le réel et l'imaginaire. Usez de vos ressentis comme vous useriez de "My Tailor is rich" pour apprendre l'anglais.

Notez ce qui vous traverse. Vous découvrirez très rapidement des redondances, des évidences.

En ce qui me concerne, par exemple, j'ai noté que lorsque je suis à l'aplomb d'une veine d'eau (une source souterraine), je le sais car mon coeur s'accélère très fortement et je ressens d'un coup le syndrome de jambes sans repos.

Un jour, lors d'un atelier, une participante m'a surprise en m'informant qu'elle savait que son corps lui disait "oui" lorsque sa joue devenait d'un coup chaude sans raison.

Ce langage n'est pas le mien, mais bien le sien.

Il n'y aura donc dans cet ouvrage aucune recette miracle. Je ne connais pas le langage de votre propre corps. Vous seul pouvez le découvrir. Et le mien n'appartient qu'à moi.

Avant d'utiliser un outil, il convient d'en lire la notice. Pour utiliser votre corps, vous devez l'écouter et retranscrire cette notice.

- Vérification de votre tube

Prendre l'habitude de ressentir votre corps va vous permettre de mieux vérifier l'état de votre tube. Avant même de chercher à percevoir sciemment une information, et ne sachant pas à l'avance par quel sens celle-ci va se matérialiser, il est important que votre corps ne vous envoie à ce moment-là aucun autre signal qui pourrait parasiter la lecture.

Comme je vous l'exprimais en introduction, l'expérience CREATIVE sera pour vous, si vous le souhaitez, comme une checklist. Plus vous prendrez l'habitude de passer en revue les différentes étapes dans l'ordre avant toute perception, plus ce scan deviendra une habitude.

Plus vous prendrez soin d'écouter votre corps, plus vous irez vite dans le nettoyage de celui-ci, et in fine, dans son décryptage.

Si je fais souvent de la tachycardie, je ne pourrais pas savoir si mon corps est malade ou si je perçois l'information d'être au-dessus d'une source souterraine.

Si vous avez sur vous un pull de trop, sans en avoir pris conscience, pas simple de savoir si ce "coup de chaud" est une information sensible vous informant du déséquilibre d'un lieu, par exemple, ou si tout simplement, vous avez trop chaud.

Cette boule dans votre ventre, est-ce parce que vous avez faim ? Ou êtes-vous anxieux à l'idée de tenir votre prochaine réunion ?

Un homme se juge toujours à l'équilibre qu'il sait apporter entre les besoins de son corps et les exigences de son esprit.

Albert Camus, écrivain

8 - Concrètement, comment on ressent ?

Pour vous exprimer cette partie, je tiens à vous partager une expérience personnelle. Voilà ce que je vivais très très régulièrement au sein de l'établissement dans lequel j'étais fonctionnaire, il y a quelques années. A cette période-là, je tentais de me couper de mon corps, comme je l'avais fait si souvent. Seulement, ma carapace ne résistait plus et mes ressentis arrivaient alors par vague, tel un tsunami...

Voilà la fatigue qui revient. Tout se brouhaha... Je n'en peux plus. J'ai si peur de faire encore un malaise. Marre. Marre des urgences qui ne comprennent rien. De mes responsables qui ne m'écoutent pas. Ce n'est pas un traitement de faveur... Je veux juste plus de silence. Marre de ne pas pouvoir faire confiance à ce corps. Je l'écoute pourtant plus qu'avant et c'est maintenant qu'il me laisse tomber... Au sens propre comme au sens figuré.
C'est chaque semaine que mes collègues me retrouvent par terre... Pas aujourd'hui, par pitié, pas encore !!!

Ce bruit. Tout ce blabla. Comment je peux échapper à ces quarante collègues, comme moi, sur ce plateau téléphonique.

Tous. Je crois que je les entends tous. Je ressens la colère de l'un d'avoir un client au bout du fil qui ne comprend rien... La fatigue de l'autre... les blagues... Toutes ces conversations qui s'entremêlent... Tout ce qui se dit et aussi tout ce qui ne se dit pas. Je ne demande pas à toutes les entendre. Pourquoi je suis la seule que cela dérange ? J'ai envie de crier et d'être vulgaire... J'entends bien sûr aussi mon client, sa solitude et tout ce qu'il ne dit pas lui non plus... La respiration de son chien et même la télé dans le fond de sa pièce. Je crois que je suis assise sur son canapé tellement je ressens son intérieur. Il me remercie d'avoir bien compris sa demande. J'aimerais parfois arrêter de les comprendre tous si bien. Je suis si fatiguée d'être "gentille et empathique".

Et comme si ce n'était pas assez, tout le monde vient me parler, me prendre le si peu d'énergie qu'il me reste... Je n'ai plus de jus. Ça y est, je sens mon cœur qui s'emballe... Vite, vite... M'allonger dans la salle de pause avant que je ne tombe par terre... Terminer brièvement ma conversation et tant pis si je parais sèche et plus si gentille que ça. Me recentrer sur moi. Respirer. Revenir à mon corps que j'avais une fois de plus oublié depuis des heures. Me calmer. Respirer. Mes collègues. Je puise dans mes dernières ressources pour les rassurer. Pour ne surtout pas qu'ils m'envoient leur peur. Qu'on me laisse revenir à moi, revenir dans mon corps...

- Tout en conscience

Il est primordial de ressentir votre corps en conscience, régulièrement pour éviter des ressentis arrivant en bloc.

J'insiste sur la conscience, car veiller à ne pas oublier votre corps vous évitera qu'il cherche à rattraper le temps perdu en vous envoyant d'un coup toutes les informations en même temps. Ressentir en conscience, et ce dès le matin, dès l'ouverture de vos yeux.

Votre esprit peut vraisemblablement partir loin, très loin durant votre sommeil, pendant que votre corps reste allongé là, sur votre lit. Reprendre connexion avec lui chaque matin est indispensable.

Lors d'un rendez-vous chez mon amie acupunctrice, je l'informe que mes douleurs sont toujours plus fortes le matin. Plus exactement, je me sens comme rouillée, ankylosée. Des douleurs de type fibromyalgique.

Elle demande alors où je suis ce matin. Surprise, je lui réponds "bah, face à toi ! C'est quoi cette question ?" Et elle me répond. "Ton esprit oui. Mais ton corps n'a pas suivi. Il n'a pas conscience, lui, d'être face à moi".

Posez-vous la question le plus régulièrement possible : Comment je me sens dans mon corps ? Ai-je faim ? Suis-je bien assise ? Ces jambes croisées toutes la journée, est-ce juste ? Suis-je droit(e) ou mal installé(e) ? Mon pantalon me sert ou la ceinture est-elle suffisamment lâche ? Ok, les talons et le costume vous apportent l'image que vous souhaitez transmettre aux autres. Mais en toute honnêteté, êtes-vous à l'aise, tous ces jours durant ?

Etirez-vous, réalignez-vous. Permettez à votre corps de vous guider en conscience sur la meilleure posture pour lui.

- La respiration

La respiration est un processus essentiel à la vie de tous les êtres vivants.

Toutefois, il est important de noter que la respiration n'est pas uniquement un processus physique, mais également un outil efficace pour gérer le stress et l'anxiété. En pratiquant des techniques de respiration profonde et consciente, on peut calmer le système nerveux, réduire la tension musculaire et favoriser un état de calme et de relaxation.

De plus, la respiration est au cœur de nombreuses pratiques de bien-être telles que le yoga et la méditation, qui mettent l'accent sur le contrôle de celle-ci pour améliorer la santé globale du corps et de l'esprit.

Trop souvent, vous observerez que vous pouvez passer des heures en "apnée" avec cette sensation de ne pas avoir respiré profondément et suffisamment pour nourrir votre corps. Là encore, sous prétexte que cette mécanique se fait toute seul, et ce, depuis votre naissance, vous la négligez.

Seulement, vos postures, en l'occurence trop souvent assises dues à votre éventuelle sédentarité, ainsi que le stress qui s'y ajoute ne vous permettent pas de respirer comme il se doit.

J'ai pris conscience de cela le jour où un médecin m'a informé que selon de nombreuses études, l'oxygénothérapie apporterait un réel apaisement aux douleurs liées au syndrome d'Ehlers-Danlos. L'oxygénothérapie !

Comme j'ai toujours été très "testeuse" dans l'âme, j'ai alors pris mon petit cahier et ai fait des tests. J'ai découvert alors avec émerveillement que, sans pour autant avoir besoin d'être branchée à une bonbonne, respirer en conscience m'apportait un véritable mieux-être. Et mieux encore, que mes douleurs étaient désormais une information précieuse et non un boulet que je me traînais. Ce n'est pas l'unique raison, mais je découvrais tout de même que mes douleurs mettaient en lumière mes manques de respiration, de conscience de mon corps, mes mauvaises postures... Et que réaligner tout cela, accompagné d'une respiration profonde, ventrale et régulière avaient un pouvoir immense sur l'atténuation de celles-ci.

- Activité physique

L'activité physique joue un rôle crucial dans le bien-être de votre corps. Bouger régulièrement favorise la santé de votre cœur, en régulant votre tension artérielle et en diminuant le risque de maladies cardiovasculaires, améliore votre qualité de sommeil, réduit le stress et l'anxiété, booste également votre confiance en vous.
Il est donc essentiel d'intégrer une routine sportive dans votre vie pour prendre soin de votre corps et de votre esprit.

L'exercice physique stimule aussi la production d'endorphines, ces hormones du bonheur qui vous procurent une sensation de bien-être et de détente.

A minima, pratiquez la marche et des étirements réguliers, et de préférence en vous immergeant en nature, au soleil. Pensez à bailler et étirer votre corps toutes les 45 minutes maximum, d'autant plus si vous pratiquez un travail sédentaire.

- Calmer l'agitation

Il est important de prendre le temps de calmer l'agitation de votre esprit pour favoriser votre bien-être mental, physique et émotionnel. Une méthode efficace pour y parvenir est la pratique de la méditation. En vous concentrant sur votre respiration et en laissant passer vos pensées sans vous y attacher, vous pouvez progressivement apaiser votre esprit et retrouver un état de calme intérieur.

Toutefois, la méditation n'est peut-être pas pour vous, et cela s'entend. Cherchez alors ce qui vous nourrit, ce qui calme votre esprit et réduit les tensions dans votre corps : la marche en pleine nature, l'écoute de la musique, un bon bain, la pratique d'un art ou la lecture d'un bon livre. A vous de tester !

- Hygiène de vie (alimentation, ...)

Prenez la décision de sortir de cette fausse croyance que l'adulte-sait-mieux-que-son-enfant-ce-qui-est-bon-pour-lui.

Prenez la décision d'entendre sans jugement, sans opposition ce qui se dit à l'extérieur. Toutefois, la décision finale revient à votre propre corps. En toute honnêteté, notez ce qu'il préfère : telle alimentation ou telle autre ? Observez l'impact d'une alimentation équilibrée riche en fruits, légumes et protéines. Et observez ce qu'il se passe lorsque vous ne pouvez pas lui fournir cela.

Notez votre sommeil, et votre fatigue. Avez-vous baillé dès 22h, mais préféré finir cette série malgré les signaux de votre corps ?

Consommez-vous beaucoup d'alcool, de tabac, de drogue ?

Prenez conscience, sans jugement, de l'altération que ces produits peuvent avoir sur votre tube. Alcoolisé(e), est-ce que vos perceptions sont les mêmes que lorsque vous ne l'êtes pas ?

Et à votre avis, qu'en est-il de votre intuition ? Comment se modifie-t-elle au regard de votre hygiène de vie ?

Habituez-vous à utiliser votre corps comme une boussole. De quoi a-t-il envie ? Du plat A ou du plat B ? Ecoutez ce qu'il se passe lorsque vous lui verbalisez les deux propositions. Testez la première. Ecoutez les signaux. Puis l'autre. Et notez la différence. Lui sait mieux que personne ce dont il a besoin.

Notez aussi vos pulsions. Au delà d'un "remplissage" qui peut être présent en compensation d'un manque émotionnel très intéressant à noter, nos pulsions peuvent aussi nous informer sur les déficits que présente notre corps.

J'ai ainsi remarqué que je pouvais avoir envie de manger des cacahuètes lorsque je suis en manque de protéines, du chocolat lorsque je suis en manque de magnésium et des fruits secs lorsque je suis en manque de fibres...

Cherchez malgré tout à l'alléger, ce corps, à ne pas le polluer davantage. J'ai ainsi remarqué que mes perceptions étaient plus claires et précises lorsque mon tube était peu rempli, que j'avais donc pu manger léger, et notamment sans trop de gras, de laitage, de viande, de gluten ni de sucre.

Alors à vous de tester et de vous observer !

Ce que l'on conçoit bien s'énonce clairement, et les mots pour le dire arrivent aisément.

Nicolas Boileaux-Despréaux, homme de lettres

3ème étape
EXPRIMER

9 - Définition d'exprimer

Nous voici désormais dans cette troisième partie qui a, elle aussi, toute son importance dans ce processus, dans cette expérience CREATIVE de votre intuition.

Savoir s'exprimer, clairement et avec précision, sera tout aussi important, tant pour poser vos intentions, que pour retranscrire en mots compréhensibles, les intuitions perçues.

Mais tout d'abord, la définition la plus courte que j'aime répéter est : "Ce qui ne s'exprime pas, s'imprime !" Ce qui signifie que les mots sont les convoyeurs de l'énergie, de l'émotion... Et si celle-ci ne s'évacue pas, alors, elle reste dans votre corps. Vous exprimer vous aidera principalement à vous vider, à nettoyer vos pollutions émotionnelles.

S'exprimer, faire sortir par pression (exemple du jus de citron). Rendre sensible par un signe. Faire connaître quelque chose par le langage ; exprimer sa pensée en termes clairs. Mais aussi, faire connaître un sentiment, une pensée et les manifester extérieurement par un comportement.

Chacun a son langage, et d'une espèce à l'autre, il n'est pas toujours évident de se comprendre. Pour autant, nous ne pouvons pas ne pas communiquer, comme il l'est précisé en PNL.

Même lorsque nous nous taisons, nous nous exprimons, car énergétiquement, il se passe toujours quelque chose. L'expression est indissociable de la vie, tout simplement.

Il se perdit dans un labyrinthe de pensées qui restaient vagues à cause de son impuissance à les exprimer en mots.

William Golding, Sa Majesté des mouches

10 - Pourquoi est-ce difficile d'exprimer ?

- Manque d'éducation

Dans votre famille, peut-être n'est-il pas de bon ton de dire ce que vous avez envie de dire. Et pour peu que vous parliez de vos ressentis dans une famille qui ne "s'écoute pas", alors, vous allez vite passer pour un extraterrestre.

Et si toutefois, vous avez la chance de vivre au sein d'une famille qui se parle, et qui s'écoute, combien d'entre vous en souffrent malgré tout.

Parler est une chose, mais bien souvent, nous sommes loin de la communication non violente. Dans notre société, il est plus facile de dégainer le "tu qui tue" que d'apprendre à parler proprement, sans reproche, avec bienveillance... que ce soit envers les autres, et plus encore, envers soi-même.

- Trop peu de vocabulaire

L'incapacité à exprimer pleinement ses émotions en raison d'un manque de vocabulaire peut être frustrante et isolante. Les émotions jouent un rôle essentiel dans notre bien-être mental et social, et pouvoir les communiquer efficacement est crucial pour une communication saine, et aussi pour vous nettoyer.

Pour améliorer cette compétence, il est utile d'élargir son vocabulaire émotionnel en apprenant de nouveaux mots qui décrivent précisément ce que l'on ressent. Lire des livres, regarder des films ou des séries, écrire dans un journal et discuter de ses émotions avec des proches peuvent également aider à développer cette capacité d'expression émotionnelle.

Lors des accompagnements individuels que je propose, je constate que les mots vous manquent parfois. D'autant plus, lorsque vous êtes dans l'émotion. Dans ce cas, le néocortex, le Système 2 en quelque sorte, a bien du mal à retrouver son apaisement, son discernement.

Je vous aide alors en utilisant un jeu de cartes intitulés Le langages des émotions. Il est important de nommer comment vous vous sentez, même si cela revient à dire que vous ne savez pas comment vous vous sentez... Cela est déjà une information et une expression en soi.

- Par peur et par facilité

La peur de s'exprimer est une émotion commune ressentie par de nombreuses personnes à un moment de leur vie.

Cette peur peut être causée par divers facteurs tels que la peur du jugement des autres, la crainte de dire quelque chose de mal, ou tout simplement par manque de confiance en soi.

Dans l'Art d'aimer, Erich Fromm nous explique que cette envie ou ce besoin d'appartenance, de s'entourer d'autres "comme nous" renvoie au nouveau-né, rassuré de fusionner avec sa mère. Se différencier (et oser l'exprimer) fait prendre le risque à son auteur d'être seul et de se sentir seul.

C'est un risque qu'émotionnellement, beaucoup ne préfèrent pas prendre sous couvert d'un "ça-sert-à-rien-que-je-le-dise", ou d'un "autant-ne-pas-faire-de-vague"... bien qu'ils n'en pensent pas moins.

- La crainte de nos pulsions

Vos émotions peuvent parfois sembler incontrôlables, intenses et vous faire agir de manière irrationnelle. Cette peur peut provenir de la crainte de perdre le contrôle de vous-même, de blesser les autres ou de ne pas savoir comment gérer vos émotions.

Pour les vivre de l'intérieur, vous connaissez mieux que personne la puissance de certaines de vos émotions... Raison pour laquelle vous craignez la pulsion. Cependant, il est important de se rappeler que ressentir des émotions est naturel et fait partie intégrante de l'expérience humaine.

Et vous familiariser à les ressentir pleinement vous permettra d'être plus efficace lorsqu'il faudra "envoyer" votre intention avec émotion !

- L'empathie

La peur de s'exprimer et de blesser l'autre par excès d'empathie est un sentiment commun qui peut parfois nous retenir de partager nos pensées et nos opinions. Il est naturel de craindre de dire quelque chose de maladroit ou de ne pas savoir comment réagir face aux émotions des autres.

Il est important de se rappeler qu'il est tout à fait naturel d'avoir des préoccupations quant à la réaction des autres, mais il est tout aussi crucial de trouver un équilibre entre s'exprimer honnêtement et respecter les sentiments des autres.

A l'inverse, s'exprimer sans empathie peut être perçu comme une approche froide et distante dans les interactions humaines. L'empathie, qui consiste à comprendre et partager les émotions des autres, est une qualité essentielle pour établir des liens significatifs et favoriser une communication efficace.

Il est à rappeler que deux formes d'intelligence habitent notre esprit : l'intelligence intellectuelle et l'intelligence émotionnelle. L'intelligence intellectuelle a longtemps été considérée comme l'unique intelligence, mais comme le dit si bien Antonio Damasio : "après le paradigme de l'intelligence intellectuelle, le nouvel objectif est de lier raison et émotions pour mieux décider !"

Le tout étant, là encore, de trouver le juste équilibre.

L'ombre, c'est tout ce que nous avons refoulé dans l'inconscient par crainte d'être rejeté par les personnes qui ont joué un rôle déterminant dans notre éducation.

Carl Gustave Jung, médecin psychiatre

11 - En quoi est-ce important d'exprimer ?

• Le principe de catharsis

J'ai découvert lors d'un voyage en Italie pourquoi toutes les innombrables statues d'hommes les représentaient, très souvent nus, avec un pénis anormalement petit. Après décodage, j'ai appris que le petit sexe signifiait que l'homme en statue maîtrise ses émotions, maîtrise ses pulsions.

Et à l'origine, le théâtre était également destiné à cela, à canaliser les pulsions des citoyens grâce à l'expression des comédiens. Pour Aristote, la catharsis représente l'effet de "purification" émotionnelle ou spirituelle qui se produit grâce à l'expression des émotions, en particulier à travers des formes artistiques telles que le théâtre, la littérature ou la musique. En d'autres termes, la catharsis permet de libérer et de purger les émotions négatives ou refoulées, offrant ainsi un sentiment de soulagement et de guérison.

Vos neurones miroirs vous permettent de faire "comme si" !

"Comme si" c'était vous qui exprimiez vos émotions, vos ressentis. "Comme si" le drame exprimé de ce que vit le personnage que je regarde, et qui ressemble cruellement au drame que je vis actuellement, me permettait de faire "comme si" j'avais moi-même exprimé mon propre drame.

En quelque sorte, le personnage que je regarde exprime les mots que je n'avais pas pour moi-même.

Et plus vous ressentez émotionnellement, moins vous le ressentirez physiquement. Si vous évitez de ressentir vos émotions, elles se manifesteront dans votre corps sous forme de maux, ou dans votre monde physique sous forme d'expériences. Imaginez alors la violence du déni, des non-dits, de l'omerta comme on l'appelle...

- Votre mantra : le soliloque

Un soliloque est un monologue prononcé par un personnage de théâtre qui se parle à lui-même. Ce dispositif permet au personnage d'exprimer ses pensées les plus intimes, ses émotions, ses dilemmes intérieurs, sans filtre et sans être entendu par les autres personnages de la pièce. Le soliloque offre ainsi au spectateur un accès privilégié à l'intériorité du personnage, lui permettant de mieux comprendre ses motivations et ses tourments.

Dans l'exploration de cette expérience CREATIVE, je vous invite à soliloquer aussi souvent que cela vous est possible. Pourquoi ? Parce qu'alors, celui-ci agit tel un mantra. Il permet cette sorte de méditation perpétuelle. Votre mental, occupé à obéir à votre conscience et forcé de commenter tout ce qu'il peut, se détourne alors de ses 60 000 pensées par jour.

Je rappelle, votre mental ne peut pas faire deux choses en même temps. Pour le différencier plus tard de votre intuition, vous devez l'entendre parler, pour mettre en évidence que cette autre information, qui arrive, n'est alors pas lui.

S'il soliloque en nommant ce qu'il voit, avec l'objectivité de votre conscience, ce qu'il ressent avec l'authenticité de votre corps, alors il ne pourra pas ruminer. Ce mental est comme un enfant que l'on doit occuper. Si je décide de le rejeter, lui demandant de me laisser tranquille, il y a fort à parier qu'il va faire mille et une bêtises pour faire son intéressant.

En revanche, si je lui donne une mission, je ne suis plus en guerre contre lui. J'oeuvre avec lui. Et vous verrez plus loin à quel point son travail va vous être nécessaire. Pour rester focus sur votre objectif, pour vous permettre également de trouver les bons mots puis vous permettre d'atteindre cet état de rêverie nécessaire, cette onde alpha, votre mental sera votre meilleur serviteur (et non plus votre dangereux maître).

- L'énergie derrière chaque mot

L'énergie derrière chaque mot est une notion fascinante qui souligne l'importance de l'intention et de la signification véhiculées par nos paroles. Chaque mot que vous utilisez porte une certaine énergie, qu'elle soit positive, négative, neutre ou vibrante.

Lorsque vous parlez, votre énergie intérieure se manifeste à travers vos mots, influençant ainsi votre communication et vos interactions avec les autres.

Il est crucial de prendre conscience de l'énergie que vous projetez à travers vos paroles, car cela peut avoir un impact significatif sur votre environnement et sur les personnes avec lesquelles vous interagissez. En choisissant vos mots avec soin et en veillant à ce qu'ils soient empreints de bienveillance, de compassion et de positivité, vous pouvez créer des échanges plus harmonieux et enrichissants. En étant attentif à l'énergie derrière chaque mot, vous pouvez cultiver des relations plus authentiques et constructives, tout en contribuant à un environnement plus sain et équilibré.

En juillet 2016, je réalise une expérience qui changera à jamais ma vie me permettant ainsi de concrétiser l'impact des mots sur la matière. Dans un ouvrage dédié à la radiesthésie, nous, lecteurs, sommes invités à cuire du riz, le temps d'une cuisson habituelle. Une fois refroidi, il nous est demandé de verser la même quantité de riz dans deux bocaux de verre identiques, de les refermer, de les positionner dans un lieu aux conditions similaires (lumière, température, etc) pour la validité du test.

Pour le premier pot, je cherche en moi tout l'amour que j'ai emmagasiné. Je m'inscris pleinement dans le présent pour donner toute ma puissance à ma conscience. Mes pensées, mes paroles, toutes les cellules de mon corps se sont alignées, liguées ensemble pour créer comme une sorte de boule énergétique d'amour que "j'envoie" à ce premier pot. Une fois fermé, je colle une étiquette sur laquelle j'écris "dans ce pot, le riz va se conserver blanc - amour, bienveillance, gratitude."

Pour le second, je renoue avec tout ce que j'ai de plus sombre en moi, toutes mes colères, mes peurs, mes frustrations, mes peines, mes violences.

Et de même que pour le premier, je crée cette fois une boule de haine que "j'envoie" à ce second pot. Selon le même processus, j'inscris sur celui-ci une fois fermé "dans ce pot, le riz va moisir, pourrir, noircir - stupide, haine, débile, violence, colère, noir."
Trois fois, j'ai réalisé cette expérience tellement j'avais besoin de "voir" pour "croire". Les deux premières ont donné le même résultat.

Aujourd'hui, je n'en ai gardé qu'une seule qui me sert de témoin, comme pour ne jamais oublier pourquoi il est important de prendre conscience de ce qui entre en nous et sort de nous.

Dans le premier pot, le riz est resté blanc, bien évidemment immangeable, mais blanc. Dans le second, après 8 ans d'expérience, le riz s'est à ce point décomposé qu'il n'est plus qu'un simple liquide noir. La moisissure avait commencé à apparaître dès la deuxième semaine. J'avais eu besoin de "voir" pour "croire" alors qu'au fond, cette expérience m'a prouvé à quel point nous devons "croire" pour "voir".

A l'instar de l'imminent Emoto et sa fameuse expérience sur les cristaux d'eau, dont la structure évolue selon les intentions auxquelles ils sont exposés, je vous invite à mon tour à réaliser cette expérience du riz. A chacune de mes trois expériences faites, la stupeur m'a gagné, mélangée à une joie ineffable tout autant qu'à un vertige inimaginable.

Votre corps est composé à 70% d'eau. Et cette eau semble à ce point sensible aux vibrations environnantes, aux intentions envoyées, consciemment ou non.

N'est-il pas alors de votre responsabilité de prêter attention aux émotions que vous laissez entrer, tout comme vous contrôlez qui vous laissez passer la porte de votre maison ?

Vous êtes des créateurs, que vous le vouliez ou non. Vos mots, vos pensées, vos émotions, tout votre monde intérieur fonctionne en continue, et se projette sur votre monde extérieur.

Petite précision sur la troisième expérience : les deux pots sont restés blancs. Et lorsqu'en toute honnêteté, je me suis interrogée pour noter mon état interne au moment de cette troisième expérience, j'ai découvert la perte de mon émerveillement, la perte de l'esprit curieux et enfantin, et surtout, la perte de mon humilité. Mon égo avait parlé, sur-gonflé d'avoir un super pouvoir, et non plus mon coeur, comme les deux premières... Nous reviendrons sur l'humilité.

- Le discernement par votre coeur

Le discernement du cœur, justement, parlons-en ! C'est une capacité profonde à comprendre et à interpréter les choses avec sensibilité et intelligence émotionnelle. Il s'agit de la capacité à écouter son intuition, à ressentir les émotions des autres et à percevoir les situations au-delà de ce qui est visible. Le discernement du cœur implique une connexion profonde avec ses propres émotions et celles des autres, ce qui permet de prendre des décisions plus justes et empathiques.

Cultiver le discernement du cœur va vous être bénéfique dans de nombreux aspects de votre vie, que ce soit dans vos relations personnelles, professionnelles ou même dans la prise de décisions importantes.

En écoutant votre cœur et en développant cette capacité d'écoute intérieure, vous pouvez mieux comprendre les motivations derrière les actions des autres, être plus compatissant envers vous-même et les autres, et faire des choix qui reflètent vos valeurs les plus profondes.

Le discernement du cœur peut mener à une vie plus authentique, épanouissante et empreinte de compassion, sans plus laisser votre mental et vos vieilles croyances diriger votre vie.

Si tu ne sais pas ce que tu veux, comment vas-tu le demander ?

Extrait du film, Le secret, de Drew Heriot

12 - Concrètement, comme on s'exprime ?

- Vous purifier par l'EX-pression

Concrètement cette fois, se purifier par l'expression peut prendre différentes formes. Et là encore, pas de recette toute faite. La meilleure recette pour vous sera celle qui vous apportera le plus de joie, le plus d'énergie et d'amour. Ecoutez-vous. Et n'oubliez pas : l'idée étant toujours de nettoyer votre filtre afin de gagner en discernement et en alignement.

Ecrire, et notamment en vue de l'expérience que je vous propose reste important, que vous aimiez cela ou non. Ecrire tout ce qui vous vient va vous habituer à prendre plus automatiquement cette distance avec vos émotions et les événements, et vous permettre plus tard de les réécrire.

Ecrire ce que dit votre mental. Prenez l'habitude de vous en amuser plutôt que de vous flageller. Remerciez-le. Observez votre mental et notez ce qu'il dit comme si vous réécriviez le scénario d'une pièce de théâtre...

Par ailleurs, pour vous purifier, vous pouvez également dessiner, chanter, courir, danser, faire du théâtre...

Je me souviens ces heures passées à chanter, que ce soit avec ma mère ou avec mon frère. Lorsqu'à cette période-là, les mots me manquaient pour exprimer tout le ramdam que je vivais à l'intérieur, et bien, le chant était déjà mon expression favorite, m'évitant de somatiser plus que ça ne l'était déjà.

Et vous pouvez bien sûr cumuler et observer ce qui est le mieux pour vous. J'ai aussi pratiqué la danse, le théâtre, l'improvisation et surtout, beaucoup écrit... Et je vous assure que tout cela a largement contribué à faire baisser la pression que je contenais en moi.

Personnellement, je suis également une adepte "des-films-qui-font-pleurer". J'écoute notamment mes changements hormonaux et lorsque je n'ai pas de prétexte de pleurer dans ma vie réelle, alors je regarde tel ou tel film juste parce que je sais d'avance qu'il me fera pleurer. Pleurer permet de se laver, de se nettoyer... n'ayez pas honte de cela, que vous soyez homme ou femme.

• Clarifier et enrichir vos propos

Pour clarifier et enrichir vos propos, cherchez comme je l'évoquais plus haut à développer votre vocabulaire, à chercher dans votre vie de tous les jours à trouver le mot juste.

Vous verrez et peut-être l'avez-vous déjà constaté, mettre des mots sur vos perceptions intuitives est très difficile, tout comme il est difficile de raconter un rêve avec autant de détails que ce que nous en avons perçu.

Vos perceptions seront d'autant plus claires que vos intentions le seront.

A ce stade, l'outil que j'utilise très fréquemment et qui permet de clarifier véritablement mes propos est le DESC.

La définition de la méthode DESC, inventée par Sharon A. Bower et Gordon H. Bower en 1976, est simple :
Décrire – Exprimer – Spécifier – Conclure.

Cet outil très simple d'utilisation permet de mieux communiquer avec les autres, en évitant un déversement émotionnel ou des accusations non constructives. Il est souvent utilisé par les managers d'équipe pour exposer une erreur réalisée par un collaborateur.

Cette méthode permet de désamorcer un conflit ou un malaise avec une autre personne. Il s'agit d'un outil qui s'appuie sur l'assertivité et le respect. L'objectif est de régler un souci en le formulant de manière simple et en proposant des solutions adaptées, sans jugement.

1. Décrivez les faits objectivement et expliciter les conséquences...
2. Exprimez votre ressenti face à la situation...
3. Spécifiez la solution...
4. Concluez positivement.

Il convient d'utiliser le "Je" pour exprimer son ressenti de manière authentique, libre et positive : "je suis déçu(e), mécontent(e), agacé(e)...". Quand vous utilisez le "Je", vous assumez la responsabilité de vos propos et de vos émotions.

Attention à ne pas utiliser le "tu" ou le "vous" qui risquerait d'incriminer l'interlocuteur. En lui disant "tu m'agaces" ou "vous m'agacez" à la place de "je suis agacé(e)", le ton est accusateur et risque de braquer la personne. Un exemple :

D : "Sylvie, à deux reprises cette semaine, vous m'avez fait des reproches devant mes collègues. Hier, c'était parce que je ne vous ai pas rendu mon rapport à temps et aujourd'hui, c'est parce que je suis arrivée 5 min en retard au travail.

E : Je comprends vos retours, seulement, je ne me sens pas respectée et je me sens même humiliée quand vous me faites des reproches devant mes collègues.

S : À l'avenir, j'apprécierais que vous me convoquiez dans votre bureau ou dans une salle de réunion pour aborder en privé toute question ou tout problème me concernant.

C : Je suis sûre que nous établirons une relation de travail agréable si nous nous sentons toutes les deux respectées.

Entraînez-vous au travail mais aussi avec vos enfants. Vous expérimenterez alors que la communication devient plus fluide, et que les luttes de pouvoirs disparaissent. Ce que vous ressentez vous appartient et même si la personne face à vous ne le comprend pas, vous êtes malgré tout libre et disposé(e) à lui exprimer. Cela n'est pas contestable. Il n'y a que vous pour savoir ce qu'il se passe en vous.

Et si toutefois, ce que vous avez à dire concerne une personne qui n'est pas devant vous ou plus de ce monde, alors écrivez-lui, à l'aide du DESC. Ecrivez à cette personne une lettre et au besoin, si ce qui en est sorti est trop toxique, alors brulez-là.

- L'intention : parler positivement en conscience à votre corps

Comme vous l'avez vu plus haut avec l'expérience du riz :

+ mots clairs
+ intention précise
+ pleine conscience
+ émotion
+ alignement corporel
= énergie très puissante influençant la matière

Vous voyez ce que sont les souffleurs à feuilles mortes... Et bien sachez qu'à l'intérieur de vous, vous possédez un outil bien plus puissant que n'importe quel souffleur. Faites l'expérience, là, maintenant.

Vous êtes allongé(e), assis(e) ou debout à lire ce livre, peu importe.
Souvenez-vous d'un moment désagréable, professionnel ou personnel. Fermez les yeux, ressentez l'émotion de ce moment-là.

Et chargé(e) de cette émotion, répétez cette phrase cinq fois : Je suis fatigué(e) et tellement triste et stressé(e). Si seul(e) et abandonné(e). Mon corps est tout tendu... Je me sens si mal !
Ouvrez les yeux et notez votre état interne, l'énergie et les émotions qui traversent votre corps.

Souvenez-vous cette fois d'un moment agréable, voire très agréable, peu importe lequel.

Fermez les yeux, ressentez l'émotion de ce moment-là.

Et chargé(e) de cette nouvelle émotion, répétez cette fois cette phrase cinq fois : J'ai confiance en la vie. Je sens couler en moi cette énergie d'amour et de paix. Mon corps est détendue. Merci.

Observez et notez.

Nouvel exercice, observez cette fois la différence entre "je ne suis pas malade" et "je suis en santé".

Fermez vos yeux et exprimez chacune de ces deux affirmations. Vous constaterez par l'expérience que la négation n'est pas entendu par votre corps. Ce dernier entendra "malade"... et peut alors faire en sorte de se conformer à ce que vous lui demandez.

Retirer la négation de vos pensées peut être une étape importante pour cultiver un état d'esprit positif. Plutôt que de penser "je ne peux pas le faire", essayez de reformuler en disant "je peux le faire". En changeant la manière dont vous formulez vos pensées, vous pouvez influencer votre attitude et votre perception des situations.

Pratiquer la pensée positive peut également vous aider à développer la confiance en vous-même et à voir les obstacles comme des défis à relever plutôt que des barrières infranchissables. En vous concentrant sur ce que vous pouvez accomplir plutôt que sur ce que vous ne pouvez pas, vous pouvez stimuler votre motivation et votre résilience face aux difficultés.

Pensez en veillant à cultiver autant que possible cette envie "d'aller vers" plutôt que vous "éloigner de".

En éliminant la négation de vos pensées, vous pouvez ouvrir la voie à de nouvelles possibilités, à une meilleure estime de soi et à une approche plus constructive de la vie. N'oubliez pas que changer ses habitudes de pensée peut prendre du temps, mais avec de la pratique et de la persévérance, vous pouvez transformer votre état d'esprit et votre manière d'appréhender le monde qui vous entoure.

Vous l'aurez compris, plus ce que vous dites à votre corps est encourageant, plus il a d'énergie.

"L'esprit contrôle le qi, et le sang suit le qi."

Accepte ce qui est,
laisse aller ce qui était
et aie confiance en ce qui sera.

Bouddha

4ème étape
ACCEPTER

13 - Définition d'accepter

Accepter signifie consentir à quelque chose ou à quelqu'un, admettre une proposition ou une situation. Cela implique d'être ouvert à recevoir quelque chose sans opposition ni refus.

Accepter peut également signifier être d'accord avec une décision ou une opinion, même si on ne l'approuve pas totalement. C'est un acte de tolérance, de compréhension et parfois de pardon. En acceptant, on peut trouver la paix intérieure et avancer dans la vie avec plus de sérénité.

Butler et Ciarrochi, dans leur thérapie d'acceptation et d'engagement (ACT), définissent l'acceptation comme "consentir à faire l'expérience d'événements psychologiques (pensées, émotions, sensations, souvenirs...) sans avoir à les éviter ni les laisser influencer indûment notre comportement."

Observer ce qui est avec ouverture et amour, dire "oui" à la vie, voir le bon côté des gens et des événements. Ouvrir les yeux sur les signes de la vie, et accepter que l'intuition arrive par n'importe quel canal : rêve, ressentis, synchronicité, message de quelqu'un, livre, affichage, etc...

Dans cette partie, vous allez cette fois prendre soin de nettoyer votre tube de ses pollutions énergétiques.

En théâtre d'improvisation, accepter ce qui est était même une règle de jeu. Si mon partenaire amenait une vache verte sur le plateau, je ne pouvais le contredire sous peine d'être en faute.
De même, dans la vie, lorsqu'il pleut, vous agacer ne changera rien ! Acceptez donc ce qui est.

Tant qu'une expérience est vécue dans la non-acceptation, c'est-à-dire dans le jugement, dans la culpabilité, la peur, le regret ou toute autre forme de non-acceptation, l'humain s'attire sans cesse les circonstances et les personnes qui font revivre cette expérience (...) Et tout ce qui est vécu dans la non-acceptation s'accumule.

Lise Bourbeau, écrivaine

14 - Pourquoi est-ce difficile d'accepter ?

- Résistance de votre égo

Il peut être difficile d'accepter quelque chose pour diverses raisons. Parfois, votre égo, perçu comme votre propre résistance intérieure et qui représente votre identité et votre perception de vous-même, peut vous pousser à défendre vos opinions, vos croyances et vos valeurs, même face à l'adversité.

Une résistance excessive de l'égo peut parfois vous empêcher de voir les choses sous un angle différent, de vous remettre en question et de vous ouvrir à de nouvelles idées.

Effectivement, cela implique parfois de faire face à des émotions inconfortables telles que la peur, la tristesse ou la colère. Vous pouvez aussi être amené à devoir renoncer au contrôle d'une situation ou de vos propres actions, ce qui peut être effrayant, car jamais jusqu'alors expérimenté.

Là encore, plus vous aurez vécu des situations de vie difficiles, plus votre égo sera fort et inflexible. Il aura servi un temps à vous protéger et se sera identifié à vos souffrances, à vos obstacles, à vos croyances.

Il peut ne pas vouloir accepter de "lâcher" par peur d'oublier.

Pour se nourrir, il a besoin d'adversité, de compétitions, de dualité, de conflits... Et si vous lui demandez d'accepter, alors il craindra tout simplement de perdre la face, voire de mourir.

- Peur de votre puissance

La peur de votre propre puissance peut être un sentiment complexe et parfois difficile à comprendre.

Et selon moi, les mots qui expriment parfaitement cela sont ceux de Marianne Williamson, qu'une amie m'a fait découvrir. Ils ont été repris par Nelson Mandela, le 10 mai 1994, lors de son discours d'investiture.

"Notre peur la plus profonde n'est pas que nous ne soyons pas à la hauteur.
Notre peur la plus profonde est que nous sommes puissants au-delà de toutes limites.
C'est notre propre lumière et non notre obscurité qui nous effraie le plus.
Nous nous posons la question :
Qui suis-je, moi, pour être brillant, radieux, talentueux et merveilleux ?
En fait, qui êtes-vous pour ne pas l'être ?
Vous êtes un enfant de Dieu. Vous restreindre, vivre petit, ne rend pas service au monde.

L'illumination n'est pas de vous rétrécir pour éviter d'insécuriser les autres.

Nous sommes tous appelés à briller, comme les enfants le font.

Nous sommes nés pour rendre manifeste la gloire de Dieu qui est en nous.

Elle ne se trouve pas seulement chez quelques élus, elle est en chacun de nous.

Et, au fur et à mesure que nous laissons briller notre propre lumière, nous donnons inconsciemment aux autres la permission de faire de même.

En nous libérant de notre propre peur, notre puissance libère automatiquement les autres."

Chacun peut se connecter à sa puissance pour peu que notre peur ne nous y empêche, cette peur de nous laisser aller dans ce flow. Ce mot anglais qui se traduit par flux, est un état mental atteint par une personne lorsqu'elle est complètement plongée dans une activité et qu'elle se trouve dans un état maximal de concentration, de plein engagement et de satisfaction dans son accomplissement. Fondamentalement, le flow se caractérise par l'absorption totale d'une personne par son occupation.

Cette absorption peut s'apparenter pour certains comme étant de l'aliénation à une force qui nous dépasse. Par peur de se faire "engloutir" par ce flow, vous préférez ne pas y mettre le pied.

Ceux qui n'apprennent rien des faits désagréables de leurs vies, forcent la conscience cosmique à les reproduire autant de fois que nécessaire, pour apprendre ce qu'enseigne le drame de ce qui est arrivé. Ce que tu nies te soumet. Ce que tu acceptes te transforme.

Carl Gustave Jung, médecin psychiatre

15 - En quoi est-ce important d'accepter ?

- Votre évolution

Accepter permet en effet l'évolution. Lorsque vous êtes capable d'accepter les changements et les défis qui se présentent à vous, vous ouvrez la voie à de nouvelles possibilités et opportunités. L'acceptation vous permet de vous adapter aux circonstances changeantes de la vie et de trouver des solutions créatives aux problèmes qui se posent. En embrassant l'acceptation, vous pouvez libérer votre esprit des contraintes du passé et vous ouvrir à un avenir plus prometteur.

Lorsqu'une intuition se présentera à vous, aussi surprenante soit-elle, il sera important de l'accepter pour ce qu'elle est. Plus vous aurez cultivé cette envie d'évolution, plus il vous sera facile de suivre votre intuition, sans chercher à tout contrôler ni à savoir précisément où elle vous mènera.

L'acceptation reste un acte de courage qui vous permet de vous libérer du fardeau de la résistance et de vous ouvrir à des possibilités que ni vos schémas de pensées ni vos croyances internes n'avaient envisagées.

• Créativité

Accepter permet la créativité, car alors s'ouvre à vous le champ des possibles. Dans ce cas, osez accepter l'idée de créer celui ou celle que vous souhaitez... Laissez-vous rêver. Ouvrez votre esprit sur cette éventualité d'un Vous différent de celui que vous avez toujours connu.

Chaque jour, en acceptant la diversité d'opinions, de cultures et d'expériences, vous enrichissez votre propre pensée et encouragez la créativité à fleurir.

L'Univers est créatif et vous devez accepter de laisser cette créativité couler en vous. Acceptez cet état de fait, sans chercher à savoir précisément comment procéder. Vous découvrirez plus loin que le "comment" est du ressort de l'Univers. Ce qui est de votre ressort à vous, c'est d'accepter cette créativité.

L'acceptation est une clé très importante pour libérer tout le potentiel créatif qui sommeille en vous.

En embrassant la diversité, en étant ouvert aux nouvelles idées et en cultivant un esprit curieux, vous nourrissez votre créativité et laissez libre cours à votre imagination. Et comme vous le verrez plus loin, celle-ci sera primordiale dans la création de la meilleure version de vous-même...

- Abondance

Lorsque vous acceptez avec gratitude ce que vous avez déjà, vous attirez davantage de bonheur, de succès et de prospérité.

Cela implique également d'accepter les aspects de vous-même qui ne sont pas parfaits et de les voir comme des occasions de croissance personnelle. En pratiquant l'acceptation, vous cultivez une mentalité positive qui attire naturellement l'abondance dans votre vie.

L'abondance ne se limite pas seulement à la richesse matérielle, mais englobe également l'amour, la santé, la paix intérieure et le bonheur. En acceptant pleinement qui vous êtes et en étant reconnaissant pour ce que vous avez, vous créez un état d'esprit propice à l'abondance sous toutes ses formes.

- L'amour

L'acceptation consiste à accueillir l'autre tel qu'il est, sans jugement ni critique. Cela implique de reconnaître et de respecter la diversité des individus, en accueillant leurs différences et en cultivant la tolérance. Lorsque vous acceptez les autres et vous-même tels que vous êtes, vous créez un espace de sécurité et de confiance qui favorise des liens authentiques et profonds.

Plus de bagarre d'égo ni de jeu psychologique. Juste une relation saine entre vous et vous, et entre vous et l'autre.

L'amour inconditionnel va encore plus loin en offrant un soutien et une affection sans condition. Cela signifie aimer quelqu'un non pas pour ce qu'il fait ou dit, mais pour qui il est intrinsèquement. Comme l'écrit si bien Wayne Dyer "L'amour est la capacité de laisser ceux pour qui on a de l'affection être ce qu'ils choisissent d'être, sans exiger que leur comportement vous donne satisfaction."

L'amour inconditionnel implique de pardonner, de soutenir et d'aimer sans réserve, même à travers les défis et les erreurs. En pratiquant l'acceptation et l'amour inconditionnel, vous cultivez des relations plus solides, basées sur le respect mutuel et la bienveillance.

Pour modifier vos programmes, et attirer à vous des intuitions vibrant avec votre nouveau monde intérieur, il sera très important dans les étapes suivantes d'user de l'énergie la plus forte qu'il soit pour "imprimer" telle ou telle intention, à savoir l'Amour.

Je rappelle qu'une image et/ou une pensée ne vient s'imprimer dans votre subconscient que lorsque celle-ci est chargée d'une émotion forte.

Il est nécessaire de vous entraîner à aimer et à accepter tout, absolument tout. Même un comportement que vous ne tolèrerez pas peut être regardé avec amour. Si ce n'est pas le cas, alors la résistance est chez vous, dans votre propre corps et voilà votre tube de nouveau pollué.

Aimez. Acceptez. Accueillez. Sans condition...

Notez et observez lorsque cela vous est difficile.

> Il ne sert à rien de regretter des choix passés. La vie est ainsi, elle est jalonnée d'erreurs, et sans doute ces erreurs ont-elles leur raison d'être, sans doute nous apportent-elles quelque chose malgré tout.
> Accepter.
> L'acceptation est un art de vivre.
>
> Laurent Gounelle, Le jour où j'ai appris à vivre

16 - Concrètement, comment on accepte ?

- La vie est un jeu... Surfer sur la vague !

Comme je l'ai déjà évoqué, plus vous aborderez la vie comme un jeu, comme une chasse au trésor, plus vous apprendrez de vos expériences.

Surfer sur la vague de la vie est une métaphore pour naviguer avec grâce et flexibilité à travers les hauts et les bas de l'existence. Résister demande de l'énergie... Alors qu'accepter vous permet à l'inverse de ne pas en perdre... Comme un surfeur qui se tient sur sa planche en équilibre sur les vagues changeantes de l'océan, apprenez à vous adapter aux circonstances changeantes de votre propre vie. Cela implique d'être présent, de rester ouvert aux possibilités et de vous adapter aux défis qui se présentent.

En me référant à la loi de la transmutation citée en introduction, je rappelle que l'énergie ne peut être ni détruite ni créée. En revanche, elle peut être transformée.

Alors, à l'instar de ces pratiquants de Tai Chi ou de Qi Gong, surfez sur la vague... Prenez l'énergie qui peut vous être envoyée, ou celle générée par votre réaction à... et transformez-là en acceptation, en amour. Faites-en dès aujourd'hui une règle d'or, et offrez cette mission à votre conscience, cette pure observation, pour vous le rappeler si vous l'oubliez.

Et notez, observez ce que cela procure en vous. Vous pourrez alors constatez vos progrès. Là où vous auriez réagi il y a peu, vous constaterez à quel point l'acceptation est devenu désormais votre seconde nature. Et dans votre corps, comment cela se passe lorsque vous acceptez ?

- Chaque rencontre et événement sont une leçon

Je sais Ô combien cela est difficile, toutefois entraînez-vous chaque jour en acceptant les blessures de l'autre et qu'éventuellement chaque comportement toxique soit l'expression d'un manque d'amour non conscientisé.

Quel qu'il soit, l'autre a sa place, sa raison d'être, au même titre que vous. L'idée est de tendre vers l'équanimité, cette égalité d'âme préconisée par les sagesses antiques de Grèce ou d'Inde.

Personne ne devrait se sentir supérieur à personne. Pour autant, accordez-vous cette liberté de vous éloigner de personnes trop toxiques qui pollueraient ou voleraient systématiquement votre énergie.

Acceptez que chaque événement soit une leçon, que vous comprendrez peut-être plus tard... Et pour mieux l'exprimer, je vous partage une petite anecdote personnelle.

Lorsque j'ai acheté ma maison, je n'ai pu y emménager en tant que propriétaire le jour J. Grâce à mon notaire, toutefois, et parce que je n'avais nulle part d'autre où aller, j'ai pu y déménager en tant que locataire à titre gratuit. L'agence immobilière avait en effet manqué à ses nombreux devoirs et plusieurs diagnostiques importants pour une vente n'étaient pas en règle. La propriétaire n'y habitant déjà plus, j'ai alors pu malgré tout y poser mes valises.

Cette première épreuve m'a mis dans un très grand stress. Car bien que logée dans cette maison, pour l'heure, elle n'était pas encore sur le papier MA maison. Et les choses se sont enchainées... De découvertes en déboires : une fuite par là, une évacuation pas aux normes, un tubage pas fait... Tout un tas de problèmes découverts pendant ses six mois où je suis restée locataire à titre gratuit dans cette maison, en attendant que la propriétaire effectue les mises aux normes.

Moralité, ce qui pouvait s'apparenter comme un événement terrible et de mauvais augure a été, pour la femme et maman solo que j'étais à l'époque, un magnifique cadeau. Six mois sans verser d'échéance à la banque : ce qui m'a permis d'aménager rapidement cette maison pour que mes enfants s'y sentent bien, sans avoir à toucher à mes économies...

Et plus de six mille euros de travaux engagés par cette propriétaire qui, du fait que le compromis soit déjà signé, n'avait pas la possibilité de se les faire rembourser. En attendant, là encore, rien n'est sorti de ma poche.

Lorsque j'ai signé l'acte de vente, six mois après, mon déménagement était déjà fait.

Et j'ai pu à postériori accepter les événements tels qu'ils étaient finalement pour moi : des cadeaux.

Si je les avais acceptés comme tels dès le départ, cela m'aurait éviter tout ce stress pendant six mois et toutes ces insomnies, qui au fond, n'ont rien changé au cours des choses...

- Lâcher-prise : fini le contrôle et la perte d'énergie

L'acceptation nécessite souvent de la patience et du temps, car il peut être difficile de changer nos croyances ou nos attitudes profondément ancrées. Toutefois, expérimentez et notez ce que vous observerez.

Acceptez votre histoire passée, aussi difficile soit-elle. Acceptez d'être tel(le) que vous êtes grâce à cette histoire, que rien n'arrive par hasard et que tout arrive pour le mieux.

Acceptez votre ombre et votre lumière, sans chercher à être ni euphorique, ni victime. Cherchez en vous la juste posture. Et pour cela, acceptez de retomber dans vos failles et vos automatismes. Si vous arrivez à les dépasser, c'est bien. Si vous retombez dans vos habitudes et que vous êtes de nouveau piégé(e) par votre mental, c'est bien aussi. Tout est prétexte à l'observation de Soi. Donc, observer à quel point vous retombez dans vos vieux travers est le meilleur moyen de vérifier que vous ne vous leurrez pas.

Préparez-vous d'ailleurs à cela, tel Ulysse qui se prépare au chant des sirènes. Ulysse voulait entendre le chant des sirènes alors qu'il savait qu'en faisant cela il serait incapable d'avoir des pensées rationnelles.

Il mit de la cire dans les oreilles de ses hommes pour qu'ils ne puissent pas entendre, et leur demanda de l'attacher au mât afin de l'empêcher de plonger dans la mer.

Vous préparer avec acceptation à retomber dans vos failles est le meilleur moyen d'accepter pleinement qui vous êtes.

- L'humilité face à plus grand que Soi

Comme promis, j'aborde avec vous cette notion si importante lorsqu'il s'agit de connexion aux énergies subtiles, à savoir l'humilité.

L'humilité est une qualité essentielle qui consiste à reconnaître ses propres limites et à agir sans arrogance. Être humble implique de rester modeste, de reconnaître les talents des autres et de ne pas se vanter de ses propres réalisations. C'est une vertu qui favorise l'harmonie dans les relations interpersonnelles, car elle permet d'éviter les conflits liés à l'orgueil et à la supériorité.

Et s'il est important de ne pas minimiser votre place dans l'Univers, il convient malgré tout de replacer ce dernier comme étant au dessus de vous. Etre humble face à lui.

Pour illustrer au mieux l'humilité, je vous partage ce qu'il se passe dans ma tête lors d'une recherche de sources, comme je l'ai appris par mon ami sourcier.

Je prends conscience de mon corps, du "tube" qu'il doit être pour recevoir sans filtre ni jugement les éventuelles informations du sous-sol.

Je ferme les yeux et regarde de l'intérieur mon 3ème œil. Je scanne l'intégralité de mon corps en ressentant pleinement ma consistance, mon ancrage au sol. Je respire profondément.

J'entends mon mental qui s'agite et qui "craint" de ne rien trouver. Je l'écoute. Puis comme je le ferais avec un enfant, lorsque je souhaite parler avec une amie, je lui demande de m'aider, pour l'occuper.

Sachant qu'il ne peut faire deux choses en même temps, je donne à mon mental une mission : répéter en boucle un mantra. Si je cherche de l'eau, je vais alors lui demander de répéter quelque chose comme : je ressens pleinement l'influence de l'eau sur mon corps - mes baguettes se ferment lorsque je passe à l'aplomb d'une veine d'eau souterraine, et cela, en boucle...

Pendant ce temps, je respire profondément et consciemment. Je descends dans mon corps et dans mon cœur pour ressentir tout ce qui va advenir, avec la curiosité et l'émerveillement de l'enfant qui cherche un trésor sans savoir vraiment quoi, ni même, s'il va réellement le trouver.

Accueillir pleinement ; laisser ce flot circuler.

Je prends conscience que moi, Julie Baudoin, ne peux trouver avec ma seule raison où se trouve la source, et encore moins à quelle profondeur ni avec quel débit. Je cherche l'humilité la plus profonde. Là où on reçoit, sans aucun effort.

Je cherche en moi le bon canal, plus exactement la bonne fréquence pour me connecter à l'éventualité de trouver cette source.

Je prends conscience que mon ego cherche le résultat et veut trouver le résultat. Seulement, si je lutte contre lui, il va me brouiller les fréquences, ne m'apportant alors que du doute, et me faire prendre le risque de perdre l'accès à mon intuition.

Alors, encore et encore, comme un enfant qui quémanderait sans cesse mon attention, je le considère ce mental, je le remercie d'être là, je l'aime profondément pour toutes les mises en garde qu'il a su construire et lui promets que j'aurai besoin de lui. Promesse que je tiens en lui donnant la mission de me répéter en boucle le mantra de mon choix, propice à ma recherche.

Je l'occupe comme j'occuperais un enfant qui pourrait causer des dégâts ou faire des bêtises par ennui, par manque d'attention...

Je prends conscience de toutes ces parties en moi, qui oeuvrent ensemble, en paix. Chaque partie a lieu d'exister et participe à la connexion finale.

Et pendant que j'entends ce mantra, je suis comme auto-hypnotisée. Ma conscience ne se connecte à rien d'autre qu'à la consigne qu'elle entend. Elle entend tout, perçoit tout, mais elle n'est plus en hyper-vigilance d'entendre tel ou tel bruit qui aurait jusqu'alors été parasite. Un chien. Un enfant. La télé allumée. Plus rien n'a d'importance. Ma conscience et mon corps s'unissent pour me "brancher" sur l'eau et sa vibration qui lui est propre.

Nous le reverrons bien évidemment dans les chapitres suivants, mais je rappelle d'ores et déjà l'importance de nommer précisément ce sur quoi vous voulez que votre corps réagisse.

Cela permet en effet à votre conscience de se brancher sur la conscience collective, sur cette immense banque de données invisible où se trouve la localisation parfaite de l'eau que je suis en train de "chercher."

Vous percevez avec vos cinq sens, et plus encore avec celui ou ceux qui vous sont naturellement le plus familier dans la vie.

En ce qui me concerne, je suis très kinesthésique et auditive. C'est alors le plus souvent par ces canaux-là que mon corps ressentira et m'informera du résultat de ma recherche.

En combinant l'humilité avec la perception d'énergies subtiles, vous pouvez développer une compréhension plus profonde de vous-même et du monde qui vous entoure.

En restant humble et ouvert à ces forces qui vous entourent, vous pouvez cultiver une plus grande conscience, une plus grande compassion et une plus grande connexion avec votre environnement et les autres, sans risquer de devoir les combattre.

Acceptez de permettre à une force supérieure de gérer votre vie à votre place, c'est cela aussi, l'humilité.

- Les crises : parfois de précieux prétextes d'acceptation

Les crises sont en effet souvent des moments propices à la transformation. Voire même, elles seraient la concrétisation du changement qui oeuvrait déjà en silence à l'intérieur de vous.

Plus vous vous écouterez et accepterez ce qui est, plus les crises n'auront plus lieu d'être car vous accepterez les changements en surfant sur la vague.

Résister vous fait effectivement prendre le risque de vous trouver confronter à une crise, une faillite, un choc, un accident, un burn out...

Les gens que j'ai rencontrés ayant vécu des burn out par exemple, savaient. Ils savaient qu'au fond, ils allaient droit dans le mur. Ils avaient pu constater déjà de nombreux signes énonciateurs. Seulement, ils ont décidé de répondre à leurs idéaux de perfection, de conscience professionnelle, de sauveur. Ils ont lutté par crainte de l'échec, ou tant d'autres raisons. Mais quelles que soient les raisons, tout n'était qu'illusion de leur égo, car au fin fond d'eux-même, ils savaient que ce qu'ils vivaient n'était pas bon pour eux.

A de très rares occasions, j'ai rencontré des personnes qui, au demeurant, n'avait rien vu venir du tout et pour qui l'arrêt a été un véritable choc. Si toutefois, vous faites partie de ces personnes en situation de burn out et n'ayant pas su que cela risquait d'arriver, alors mesurez à quel point vous ne vous écoutiez pas jusqu'ici. Car le fondement de cette transformation, perçu comme violente et radicale, est en réalité déjà à l'oeuvre à l'intérieur de vous.

Ces crises sont, selon moi, comme l'orage, qui permet de rétablir l'équilibre entre la quantité d'ions positifs et négatifs. Avant que le tonnerre ne gronde, l'atmosphère est chargée de manière déséquilibrée d'ions positifs. Un ion est un atome, ou un groupe d'atomes, ayant perdu ou gagné un ou plusieurs électrons.

Les ions positifs présents dans notre environnement seraient nocifs pour notre organisme, contrairement aux ions négatifs qui renforceraient nos défenses face au stress. Ces derniers sont plus présents naturellement par exemple, en montagne, en forêt ou au bord de la mer.

Le temps orageux a une grande influence sur l'ionisation de l'air : quand l'orage se prépare, les ions positifs prédominent et entraînent un certain malaise ou une oppression ; quand l'orage éclate et que la pluie se met à tomber, les ions négatifs reprennent le dessus et on se sent beaucoup mieux.

Selon moi, chaque crise est comme un orage. Cela semble violent vu de l'extérieur, alors que son action est nécessaire et bénéfique pour votre santé mentale, physique, émotionnelle et énergétique. Et plus la non-écoute de vous est importante, plus l'orage devra être nécessaire pour rétablir l'équilibre, entre qui vous êtes vraiment et l'image que vous donnez à voir aux autres.

- Exercices d'acceptation

Afin de clore, cette partie concernant l'acceptation, je vous invite à pratiquer autant que possible les exercices suivants et évidemment, je me répète, à noter ce que cela vous procure.

Chaque matin, dès le réveil, pratiquez quelques étirements en pleine conscience afin de développer en vous votre souplesse.

Votre esprit influence votre corps, mais l'inverse est aussi vrai.

N'oubliez pas, "comme en haut ainsi en bas". Votre esprit influence votre corps et votre corps influence votre esprit. Pratiquez donc des exercices de souplesse pour assouplir davantage encore votre état d'esprit.

Verbalisez que vous acceptez ce qui est, et que vous accepterez de cette journée tout ce qui est. Attendez-vous au meilleur plutôt qu'au pire.
Regardez-vous dans le miroir, les yeux dans les yeux, au sens propre comme au sens figuré : d'âme à âme.

Tout en vous regardant, répétez-vous avec l'énergie du coeur : Je m'aime et j'accepte que la vie circule en moi. J'accepte que la créativité de l'Univers me traverse. Je mérite d'être aimé(e)...

Et osez compléter avec tout ce qui peut vous faire du bien, à vous, vous nourrir et vous remplir d'énergie et d'amour. Répétez cela autant de fois que nécessaire. Peut-être qu'au départ vous sentirez l'inconfort dans votre corps, ou les larmes couler... Accueillez cela. Cela signifie que votre corps n'y croit pas encore. Mais persévérez. Comme vous l'avez compris, les programmes ne se changent pas toujours rapidement, et pour que ça le soit, ajoutez à vos paroles de l'émotion, de l'amour.

Acceptez les compliments ; cessez de répondre "de rien" à ceux que l'on vous fait, et testez plutôt le "avec plaisir et merci."

Acceptez, aimez et accueillez sans chercher à résister. Et que vous y parveniez ou pas, peu importe. L'important est d'essayer et de noter votre observation de vous-même, pour mieux comprendre votre fonctionnement et les pièges à déjouer.
Testez autant que possible l'attitude neutre et humble.

Vous avez réussi quelque chose et des personnes vous félicitent ? Observez comment votre égo voudrait s'emparer de la gloire, mais n'y cédez pas. Observez seulement.

Quelqu'un vous fait un reproche, justifié ou non ? Cherchez en vous l'acceptation absolue, en soliloquant à l'intérieur de vous. Répétez alors que vous avez fait de votre mieux, que vous n'avez pas à vous justifier et que ce reproche est l'expression de la vision de la personne en face de vous. Acceptez malgré tout, de considérer cette remarque pour découvrir ce qu'elle vous apprend de vous que vous pourriez ignorer. Maintenez une attitude ni trop valorisée, ni trop dévalorisée. Accueillez les personnes et les événements tels qu'ils sont. Observez la vie se dérouler, et les choses être, sans émettre de jugement. Cet arbre. Ce chat. Cette femme avec son chien. Cet homme qui conduit différemment de vous. Soyez curieux.

Et enfin, chaque soir, optez pour un sas de décompression pour vider toutes les énergies et émotions accumulées de votre journée. Vous pouvez prendre une douche, réelle avec de l'eau et aussi une douche énergétique. Faites le bilan de votre journée. Notez et écrivez ce qui s'est bien passé et aussi, ce qui vous a affecté. Notez vos progrès sur l'ensemble de ces quatre premières étapes.

Si vous préparez le dîner alors qu'au fond, vous n'acceptiez pas de le faire (sans pour autant l'avoir clairement exprimé), alors, vous courrez le risque immense de vous placer dans l'attente d'une reconnaissance à la hauteur de votre sacrifice. Je rappelle que dire "non" à ce qui est coûte en énergie. Notez ce qu'il se passe quand vous arrivez à vous écouter et tout autant ce qu'il se passe lorsque vous n'y arrivez pas encore.

Dans la vraie vie, on ne comprend pas toujours tout, il n'y a pas de notice, il faut que tu te débrouilles pour faire le tri.

Véronique Ovaldé, Ce que je sais de Vera Candida

5ème étape
TRIER

17 - Définition de trier

Cette nouvelle étape Trier marque le début de votre deuxième objectif, à savoir apprendre à différencier ce qui vous appartient et ce qui ne vous appartient pas. Apprendre à reconnaître aussi ce qui vous traverse, ce qui parle à l'intérieur de vous, votre intuition ou votre mental ?

A cette étape, vous allez comprendre davantage encore l'importance des quatre premières. Et plus vous serez rigoureux sur celles-ci, plus ce sera facile de trier.

Et tout d'abord, la définition. Cela signifie classer, répartir les différents éléments d'un ensemble en groupes selon quelques critères : trier le courrier par exemple. Ou encore, sélectionner des choses, des êtres, les retenir parmi tous les autres ; choisir : trier les meilleures photos pour un album.

Dans le cadre de l'expérience CREATIVE, trier signifie plus précisément classer et au besoin jeter ce dont vous n'avez plus besoin pour faire de la place, trier vos notes prises sur votre cahier, votre journal d'observation.

Différencier votre énergie de celle d'éléments extérieurs (comme par exemple celle d'un lieu, d'une autre personne, d'un végétal, d'un animal, d'un objet...).

Là encore, cette étape est importante et de nombreuses fois, vous avez pu me demander "comment fais-tu ?". Comment je fais pour ne pas absorber les énergies extérieures, ou pour les laisser passer, prendre l'information seulement et les laisser partir...

> L'expérience n'est pas le problème, c'est l'attachement qu'on y apporte.
>
> Glyn Dillon, La Nao de Brown (2012)

18 - Pourquoi est-ce difficile de trier ?

- Conscience du Un et manque de limites

Comme je l'ai déjà évoqué plus haut, en prenant conscience de votre connexion au Grand Tout, vous réalisez que vous n'êtes pas un être isolé, mais que vous faites partie d'un vaste réseau interconnecté. Cette prise de conscience peut vous aider à cultiver un sentiment de compassion, d'empathie et de gratitude envers les autres et envers l'Univers dans son ensemble.

Seulement, cette conscience de ne faire qu'Un peut rendre la tâche de trier très difficile.

Le manque de limites dû à cette conscience de votre connexion au Grand Tout, peut avoir des répercussions importantes sur votre vie et sur votre bien-être. Lorsque vous agissez sans limites claires, il devient facile de vous perdre dans un tourbillon d'activités, sans direction ni objectif.

Cela peut entraîner un sentiment de confusion, de stress et d'épuisement, car vous vous éparpillez dans toutes les directions sans vraiment vous concentrer sur ce qui est vraiment important pour vous.

- Porosité émotionnelle

Ce qui m'amène tout naturellement à poursuivre sur l'un des plus gros problèmes rencontrés notamment par les personnes hypersensibles : la porosité émotionnelle.

La porosité émotionnelle fait référence à la capacité d'une personne à ressentir et à absorber les émotions des autres. Cela signifie que les individus, qui sont émotionnellement poreux, peuvent être plus sensibles et réceptifs aux émotions des personnes qui les entourent. Cette caractéristique peut être à la fois un atout et un défi.

Effectivement, elle permet une plus grande empathie et compréhension des autres, favorisant des relations interpersonnelles plus profondes. Seulement, cela peut également rendre la personne plus vulnérable au stress émotionnel et à l'épuisement.

Une trop grande perméabilité aux émotions et à toutes formes d'énergie peut en effet vous faire perdre votre discernement. Vos ressentis sont alors noyés et vous vivez dans un état de confusion sur le plan énergétique et émotionnel.

Peut-être percevez-vous le plan matériel comme limitant, réducteur, insuffisant ? Peut-être vous réfugiez-vous dans ce schéma fusionnel de manière inconsciente ?

Seulement, que se passe-t-il lorsque ces états finissent par se transformer en nausées ? En fonctionnant ainsi à l'extrême, vous perdez alors l'idée claire de votre propre périmètre, de votre limite, de ce qui vous sépare concrètement des autres sur un plan physique.

Avec un ressenti si fort de tout ce qui vous entoure, vous recevez dans votre corps tout un amalgame d'impressions et d'émotions étrangères que vous avez du mal à gérer. Difficile dans ce cas d'identifier de manière claire l'énergie qui est la vôtre de celle qui vient des autres.

Si vous vivez trop souvent ce tourbillon émotionnel, sans avoir mis en place des stratégies pour vous protéger, vous risquez aussi d'être un très bon candidat à la manipulation. Il suffirait dans ce cas de savoir user de sa force émotionnelle, d'avoir un certain charisme ou magnétisme, pour vous embarquer un peu là où l'on veut.

Et plus encore, dans la relation parents enfants. Comme vous le verrez, la porosité entre parents et enfants est plus forte que n'importe quelle relation, aussi belle soit-elle. D'autant plus entre une mère et son bébé, car n'oublions pas qu'ils sont programmés pour communiquer par télépathie.

Nous verrons plus loin comment procéder pour vous protéger. Vous découvrirez à quel point l'expérience CREATIVE peut facilement vous permettre cela. Et aussi, à quel point, si vous ne faites rien, vous pouvez garder ce sentiment étrange, comme cela a été le mien pendant de nombreuses années, de pouvoir être envahi(e) comme si vous n'étiez qu'un volume d'air que n'importe quelle fumée toxique pouvait emplir.

Au delà du nettoyage que vous avez pu expérimenter lors des quatre premières étapes, "vous créer" passera forcément par ce tri, et donc par l'apprentissage de savoir repositionner vos limites, savoir où vous devez vous arrêter.

Je me souviens de ce jeune adolescent que j'ai accompagné et qui vivait une très grande porosité émotionnelle. Poser des limites, pour lui, était jusqu'ici inenvisageable car il maintenait la croyance que s'il "percevait" les choses, c'est qu'il devait en "faire quelque chose".

Observez à quel point il peut vous être difficile vous aussi de trier et de poser vos limites à cause de cette casquette de sauveur sur votre tête, que vous trouvez si attachante...

Osez regarder en face le verso de cette caractéristique, à savoir l'ingérence ! Car "faire quelque chose" alors qu'on ne vous a rien demandé, vous met alors, contre toute attente, dans une position de voleur.

Cette porosité émotionnelle peut effectivement vous "forcer" à voler la responsabilité de l'autre, sa responsabilité de s'exprimer ou celle de soigner ses propres blessures... pour garantir avant tout, osons l'avouer, votre paix.

Là encore, ressentir la dissonance peut être difficile à vivre, et cela s'entend. Seulement, peut-être que l'autre est encore dans une période de déni et qu'il n'est pas prêt à "faire" quelque chose, et encore moins à ce que quelqu'un d'autre le "fasse" pour lui.

- Attachement et surconsommation

Nous sommes des êtres issus d'une société de consommation, qui ne cesse de vouloir nous faire consommer davantage.

Le tri des déchets est désormais établi et plus ancré dans vos foyers. Mais peut-être que bon nombre d'entre vous ne le ferait pas naturellement si vous n'y étiez pas forcés par des lois ou des redevances incitatives de gestion de déchets.

L'attachement fait référence au lien émotionnel profond que vous pouvez développer envers des objets matériels, des marques ou même des personnes. Ce lien peut parfois conduire à une surconsommation, où vous achetez plus que ce dont vous avez réellement besoin, souvent pour combler un vide émotionnel ou pour rechercher un bonheur éphémère.

Cet attachement et cette surconsommation, vous pouvez les retrouver aussi dans vos ressentis et vos émotions.

En effet, vous pouvez "consommer" des émotions fortes, des situations nostalgiques ou mélancoliques, être "attaché(e)" à ce ramdam intérieur parce que vous pensez qu'il vous caractérise.

"De toutes façons, j'ai toujours été comme ça… C'est pas maintenant que je vais changer !", "Ça, c'est lui tout craché".

Il se peut qu'à ce stade de trier, vous découvriez qu'un certain nombre de croyances polluantes sont encore présentes malgré votre travail au préalable.

Et peut-être que pour certaines, vous vous y êtes "attaché(e)" alors même que vous savez qu'elles vous polluent. Pire encore, peut-être êtes-vous addict à ses émotions et croyances, d'où la difficulté de jeter ce qui vous pollue. L'addiction aux émotions est un phénomène complexe qui peut avoir un impact significatif sur la vie d'une personne.

Tout comme une dépendance à une substance, l'addiction aux émotions se caractérise par un besoin compulsif de ressentir des émotions intenses, souvent au détriment de la santé mentale et du bien-être général. Les personnes qui souffrent d'addiction aux émotions peuvent chercher constamment des situations qui provoquent des réactions fortes, qu'elles soient positives ou négatives, afin de combler ce vide émotionnel ou de fuir des sentiments désagréables.

Dans ce cas, vous maintenez l'attachement et il peut être alors très difficile de trier... Quoi qu'il en soit, poursuivez l'observation en toute honnêteté envers vous-même. Notez toutes les difficultés que vous rencontrez et ce que cela évoque pour vous.

19 - En quoi est-ce important de trier ?

- Détachement/discernement

Pour aborder cette sous-partie, je vais vous partager une expérience que j'ai vécue et qui illustre mieux qu'un grand discours, l'importance de trier, pour garder votre discernement.

Je suis déjà assise à table. Je me sens très en joie. J'ai préparé un plat que mes enfants adorent. A coup sûr, cela va leur faire plaisir. Deux trois minutes seulement après moi, les voilà qu'ils s'assoient eux aussi.

Mais je ne comprends pas ce qu'il m'arrive. Un pic au cœur. Mon rythme s'emballe. Très mal au ventre... Je me sens si triste... Et puis non, je ne sais plus comment je me sens... En colère... Oui, c'est ça ! Pourquoi d'un coup, je me sentirais en colère. Ils se sont assis sans se chamailler. Je ne comprends pas. Cette émotion, d'un coup, qui sort de nulle part.

Ils essayent de me parler mais ce n'est pas le moment. Encore une fois, ils me voient en lutte à l'intérieur de moi. Les pauvres... Je ne sais pas combien de temps ce conflit dure.

Je m'éclipse de la table et interroge mon corps. Je respire. Scanne une à une chaque tension qui vient d'apparaître si soudainement. Je cherche à trouver le mot juste. De la frustration. C'est ça. Je sens mon corps qui valide en faisant disparaître mes tensions dès lors que j'exprime le mot "frustration".

Je continue mes investigations, car franchement, je ne comprends pas. Est-ce à moi ? Non. C'est ça, cette émotion ne m'appartient pas. Est-ce à mon fils ? Non. À ma fille ? Oui. Ok. Je retourne à table et leur demande de se taire. Je ferme les yeux, me centre de nouveau sur mon corps tout en regardant de l'intérieur mon troisième œil. Et je demande à ma fille : "qu'est-ce qu'il s'est passé aujourd'hui ? J'allais bien et tout d'un coup, tu arrives et hop, je me sens frustrée, pas bien, nouée, tendue... Je sais que c'est à toi et non à moi. Tu ne voudrais pas qu'on en parle, que l'on puisse être libre ensuite de manger autant l'une que l'autre ?"

Elle n'est pas étonnée car quelques années auparavant, nous avions fait des tests de téléphathie avec des cartes. Cinq formes. Nous avions constaté l'une et l'autre à quel point nous étions "branchées". Cela nous avait amusées et elle m'avait même rétorqué "c'est trop bien, Maman, nous n'aurons jamais besoin de téléphone portable". Elle ne croyait pas si bien dire !

Ce jour-là, elle n'est donc pas si étonnée mais toutefois bouche bée que je lise à ce point en elle, et moi rassurée d'avoir su faire enfin le tri.

Habituellement, ne sachant pas identifier que cette frustration n'était pas la mienne, je l'aurai exprimée maladroitement, juste histoire de retrouver un confort physique, de faire sortir cette boule d'émotions de mon propre corps.

Mon mental aurait cherché alors un prétexte, un faux prétexte sur lequel s'accrocher, juste pour rationaliser ce qu'il se passait dans mon corps à ce moment-là et qu'il ne savait expliquer. Et j'aurais alors trouvé à redire un truc, et peu importe si cela était un faux prétexte : leur tenue, leurs devoirs ou tout autre chose.

Cela est ma toute première expérience de tri réalisée avec succès. Et je sens que ce ne sera pas la dernière.

J'ai malgré tout une nouvelle boule en moi qui apparaît. Une autre. Oui. Et lorsque je prends le temps de m'interroger, je découvre de la peur. Et c'est la mienne cette fois. Cette peur m'informe : si je ne fais plus ce travail à la place des autres et que ces mêmes autres deviennent autonomes, alors, à quoi vais-je être utile ? Je sens que c'est un nouveau sujet que je vais devoir explorer...

Vous comprenez alors que ce costume de sauveur, je l'ai moi-même largement endossé. Et comme les couches d'un oignon, vous pourrez vous apercevoir qu'à chaque couche triée, jetée, il en apparaît une autre.

Cela peut donner le sentiment de ne pas avancer ; mais si, bien au contraire ! Trier permet d'avoir davantage de discernement et de détachement, sur les autres, sur les événements, mais aussi sur vous-même.

- Fluidité/créativité

Trier est en effet une étape cruciale pour stimuler la créativité. Lorsque vous prenez le temps de trier et d'organiser vos idées, vos pensées et votre espace de travail, vous libérez votre esprit de distractions inutiles. Cela vous permet de vous concentrer pleinement sur vos tâches créatives et d'explorer de nouvelles possibilités sans être encombré(e) par le désordre.

En triant vos idées, vous pouvez également mieux voir les liens entre les différentes informations et trouver des associations inattendues qui peuvent inspirer des solutions novatrices.

De plus, le processus de tri peut vous aider à identifier plus facilement les priorités et à hiérarchiser vos objectifs, ce qui vous permet de travailler de manière plus efficace et d'atteindre vos objectifs créatifs plus rapidement.

En somme, le tri est un outil puissant pour permettre à la créativité de couler en vous avec fluidité, sans qu'elle n'en soit empêcher par tel ou tel obstacle.

- De la place pour autre chose

Enfin, trier est important car cela permet en effet, de faire de la place pour autre chose.

Afin de ranger de nouvelles affaires dans votre grenier déjà bien encombré, comment procédez-vous ? Observez votre comportement.

Ce qui est pratique chez les êtres humains, c'est qu'ils sont relativement cohérents dans leurs dysfonction et déséquilibre, facilement prévisibles. Raison pour laquelle je vous demande à ce point de noter et de vous observer.

Je le constate lors des accompagnements que je dispense et c'est d'ailleurs la clé du travail dans un coaching : observer votre système, votre "danse", observer vos schémas et comportements qui reviennent sans cesse, peu importe le contexte... pour mieux les modifier ensuite.

Je le constate également régulièrement lors des études géobiologiques que j'effectue.

La géobiologie, appelée aussi "médecine de l'habitat" est une pratique qui consiste à analyser un environnement afin de vérifier la présence ou l'absence de différents facteurs pouvant avoir un impact sur le vivant, que ce soit sur le végétal, sur les animaux ou sur les êtres humains.

Votre habitat est à votre image. Et il est très fréquent qu'un manque de tri ou qu'un excès de tri dans une maison dénote le fonctionnement de l'esprit de ses habitants.

Le tri est une pratique importante qui permet de libérer de l'espace pour de nouvelles choses dans votre vie.

En faisant du tri, que ce soit dans votre maison, votre bureau ou même vos pensées, vous pouvez vous débarrasser de l'encombrement inutile et faire place à ce qui compte vraiment. Cela vous aide à rester organisé(e)s, à mieux vous concentrer sur l'essentiel et à vous sentir plus légers et plus libres.

En triant régulièrement vos affaires, vous pouvez également faire preuve de gratitude envers ce que vous possédez déjà et prendre conscience de ce qui est réellement important pour vous. Cela peut vous aider à mieux gérer votre temps, votre énergie et vos ressources, en vous concentrant sur ce qui vous apporte réellement de la joie et du bien-être.

En outre, et vous le constaterez dans la partie suivante, garder cette place pour autre chose vous permettra d'avoir de la place pour imaginer tout ce que voulez être.

Imaginer la meilleure version de vous-même sans vous laisser polluer par les vieux tableaux de vous.

Imaginer que vous percevez une intuition qui aura alors de la place pour s'immiscer dans votre intérieur désencombré.

> La chose la plus difficile est de n'attribuer aucune importance aux choses qui n'ont aucune importance.
>
> Charles De Gaulle, Général et ancien Président

20 - Concrètement, comment on trie ?

- Désencombrement matériel

Comme je l'évoquais juste au dessus, votre habitat est le reflet de votre intérieur. Pour vous inviter à entrer dans le tri de votre esprit, je vous invite avant tout à faire le tri chez vous. Dans votre maison, votre appartement, votre chambre, votre bureau, partout !

Mettez-vous à la place de l'eau, et imaginez que pour que l'eau ne circule (métaphore de l'énergie), le sol doit être désencombré. Les couloirs, les dessous de lit, de placard... Et ce, dès l'entrée. Cherchez à libérez votre entrée et faire que celle-ci soit "accueillante" et "allégée".

En toute objectivité, observez tous vos objects, ceux servant de décoration, ou ceux enfouis dans vos armoires. Au-delà de l'attachement que vous portez aux souvenirs qui s'y rapportent, quelle connotation portent-t-ils ces objets ? Violence, souvenirs douloureux, passé, joie, inspiration ?

J'ai plusieurs exemples en tête, mais je me souviens particulièrement de cette maison dans laquelle j'ai procédé à une étude géobiologique.

Mon ressenti m'amenait à "capter" une dysharmonie dans la salle à manger et je peinais à comprendre ce qui pouvait bien la provoquer. J'ai alors laissé mon corps s'exprimer au travers mes baguettes que je tenais dans mes mains.

Je me suis retrouvée alors face à un meuble. Pas de mémoire de vieux meuble, puisque bien qu'ayant un aspect vieilli, celui-ci était neuf. Je questionne mon corps à l'intérieur de moi qui me confirme que le problème n'est pas le meuble, mais ce qu'il y a à l'intérieur. Lorsque j'ai demandé à la propriétaire ce que contenait ce meuble, celle-ci m'a répondu qu'elle y avait entreposé les papiers de son divorce... Ces documents étaient "chargés", bien trop pour rester dans une pièce à vivre.

De même, lors d'une expérience, j'ai pu découvrir à quelle point une peluche offerte à un enfant avait été informée des intentions de la personne l'ayant offerte.

S'il s'agit d'une personne remplie d'amour, cette peluche est alors un merveilleux doudou. Mais en l'occurence, et alors même que je ne connaissais rien de l'histoire familiale, les intentions de cette personne n'étaient pas saines du tout. Et cette peluche opérait pour cet enfant un désagrément, telle une poupée vaudou, remplie de magie noire.

Et c'est bien souvent inconsciemment que nous pouvons "informer de notre intention" un objet. Ou à l'inverse, subir sans le savoir l'information engrammée dans un objet que nous possédons.

Poursuivez en triant vos vêtements, ceux trop petits et les autres plus à votre goût. Libérez-vous des objets cassés, abîmés ou que vous n'utilisez plus.

Occupez-vous des plantes malades et délestez-vous de celles qui sont mortes. Cherchez toujours l'information derrière chaque chose, la métaphore de chaque objet de votre vie.

Cherchez la cohérence. Pourquoi conserver tel ou tel objet s'apparentant à une arme lorsque l'on aspire à la paix ?

- Eloignement relationnel

Dans cette partie, je vous rappelle l'importance de vous respecter en vous éloignant des personnes que vous considérez comme toxiques pour vous. Lorsque vous faîtes cela, veillez à ne pas les juger. Vous ne les caractérisez pas de toxiques tout court. N'oubliez pas. Cherchez le bon derrière chaque chose et chaque personne. Vous constatez juste qu'elles sont toxiques pour vous, à cet instant. Et cet instant peut être plus ou moins long. Gardez en tête qu'un éloignement relationnel n'est pas tant contre l'autre que pour vous.

Par ailleurs, ce qu'il est important de garder à l'esprit, c'est l'importance parfois de l'éloignement lié au passé. Si votre attention reste focus sur votre passé à ressasser en boucle les événements et aussi ce qu'il s'est dit, alors vous ne pourrez tout simplement pas "entendre" votre intuition.

Cette dernière est discrète et votre tube doit être idéalement parfaitement droit, c'est-à-dire pleinement ancré dans le présent.

- Soliloquez, pour mieux entendre votre boussole intérieure

Je reviens sur cette pratique que je vous partage tant elle a été bénéfique pour moi.

Soliloquer, c'est se parler à soi-même, exprimer ses pensées et sentiments à voix haute (même dans votre tête), sans crainte de jugement. C'est une pratique qui peut clairement vous aider à mieux comprendre vos émotions, vos désirs les plus profonds, et à écouter votre boussole intérieure.

En prenant le temps de verbaliser vos pensées, vous pouvez clarifier vos idées, identifier vos valeurs et besoins, et trouver des réponses à vos questionnements.

En soliloquant, on crée un espace de réflexion et d'introspection où l'on peut se connecter à soi-même de manière authentique. Cela peut vous permettre de prendre du recul par rapport à vos préoccupations, de trouver des solutions à vos problèmes, et de renforcer votre confiance en vos choix et décisions.

En écoutant votre voix intérieure, vous pouvez découvrir ce qui est vraiment important pour vous et suivre le chemin qui résonne le plus avec votre être profond.

Alors, n'hésitez pas à vous accorder des moments de soliloque pour mieux entendre votre boussole intérieure, pour vous connecter à votre essence et pour vous guider vers l'authenticité et l'accomplissement de soi.

Je me souviens de cet homme que j'ai accompagné plusieurs mois, après son burn out. Lors de nos échanges, il avait pu découvrir à quel point il était poreux aux émotions extérieures, à quel point, elles entraient en lui et surtout à quel point, il les ingérait sans jamais savoir comment les digérer.

Il a pu découvrir le pouvoir de s'exprimer, pour lui, en soliloquant, mais aussi pour l'autre.

Lorsque sa femme arrivait agacée ou tendue de sa journée, il pouvait percevoir cette énergie entrer en lui alors même qu'il se sentait détendu juste avant son arrivée.

Et au lieu de l'exprimer maladroitement, juste pour faire sortir de lui cette énergie, au lieu d'incriminer son épouse en lançant ouvertement un conflit, il s'est habitué à tout verbaliser.

Comme je l'ai fait avec ma fille, ou comme je le fais régulièrement encore dans mon travail de géobiologue, il avait pris lui aussi l'habitude de s'étonner de tout ce qui le traversait. "Tiens, je ressens de l'agacement. D'un coup, là, sans raison. Est-ce à toi ? Car cette sensation, cette émotion est arrivée soudainement..."

L'occasion pour sa femme de conscientiser ses propres émotions et ressentis. Alors même qu'elle n'avait pas conscience de ce qui la polluait, et encore moins conscience que cela pouvait affecter son mari. Ainsi, l'émotion pouvait alors "circuler", ne s'accrochant ni sur elle, ni sur lui...

L'émotion n'est autre que de l'information dans de l'énergie, et conscientisée, ressentie, exprimée et acceptée, elle peut alors être plus facilement triée, afin de vous libérer... Parlez à votre corps. Pour trier mais aussi pour observer votre niveau d'énergie.

Plus vous serez rigoureux pour maintenir un état interne positif et joyeux, plus il vous sera facile d'identifier ce qui ne possède pas la même énergie que vous. Vous possédez en vous un noyau d'énergie comme la Terre a son noyau, qui lui crée un champ magnétique de protection.

"Comme en haut ainsi en bas". Vous possédez vous aussi ce noyau d'énergie. Et plus vous le nourrirez, plus vous aurez un taux vibratoire élevé. Ne vous faites pas envahir par la peur. Restez dans l'amour. Quelque chose vous traverse ? Chouette. Une nouvelle expérience. Une nouvelle occasion de tester votre méthode de tri et d'acceptation. Et même si au moment où cette énergie s'est accrochée à vous, vous n'étiez pas pleinement conscient de votre corps, comme moi au petit matin, vous pouvez constater que tout est toujours possible.

L'important est de maintenir autant que possible suffisamment d'énergie en vous pour vous aider à trier, à discerner. Et pour cela, surtout pas de résistance. Paradoxalement, acceptez ce qui vous traverse est le meilleur moyen de s'en libérer.

Avant que je ne comprenne cela, mon corps était en douleurs tout le temps. Désormais, je m'amuse plutôt à découvrir par quoi il se fait traverser. De l'émotion d'untel ? De la mémoire de ce lieu ? Cette plante qui manque d'eau ? Cette sensation qui me dit qu'il est préférable que je ne me rende pas à cet événement ? Et parfois encore, il s'agit juste d'une baisse soudaine de la pression atmosphérique.

Ce que tu penses, tu le deviens.
Ce que tu ressens, tu l'attires.
Ce que tu imagines, tu le crées.

Bouddha

6ème étape
IMAGINER

21- Définition d'imaginer

Nouvelle étape importante. A croire qu'elles le sont toutes, ai-je envie de vous dire... Eh bien, oui ! Les premières lettres de chacune des étapes forment le mot C-R-E-A-T-I-V-E.

Et avec tout ce que je vous ai déjà écrit, vous imaginez bien que cet acronyme, à lui seul, porte une intention très forte dans ce but ultime de "S'écouter pour se créer !"

Avant d'y parvenir, il est temps d'entamer désormais votre troisième objectif, à savoir cultiver à volonté votre intuition, en pleine conscience, et vous sentir justement créateur de votre vie.

Et maintenant que vous maîtrisez davantage comment vous fonctionnez, comment fonctionnent les énergies subtiles, que vous commencez à grandement vous familiariser avec tout ce monde invisible, au point même de savoir trier ce qui est à vous de ce qui ne l'est pas, je vous invite à imaginer...

Imaginer signifie cette faculté de l'esprit d'évoquer sous forme d'images mentales, des objets ou des faits connus par une perception, une expérience extérieure.

Et celle-ci a deux fonctions :

- L'imagination reproductrice : faculté de conserver à l'esprit les images, les sensations passées.

- L'imagination créatrice : faculté de combiner d'une manière originale, des images emmagasinées dans l'esprit.

L'imagination est un trait fascinant et intrinsèque de l'esprit humain qui nous permet de créer, d'innover et d'explorer des mondes fantastiques.

C'est la capacité de concevoir des idées, des images et des scénarios qui n'existent pas dans la réalité tangible. Elle joue un rôle essentiel dans la résolution de problèmes, la prise de décisions créatives et l'inspiration de nouvelles inventions.

L'imagination est une force puissante qui alimente la créativité et l'innovation dans tous les domaines de la vie, qu'il s'agisse de la littérature, de l'art, de la science, de la technologie ou de l'entreprise.

Chaque chose que vous utilisez aujourd'hui a d'abord été imaginée... avant d'être conçue !

Dans le cadre de l'expérience CREATIVE, l'imagination va oeuvrer comme le support approprié de votre intention. Et lorsque votre imagination et votre intention sont alignées, cela crée une synergie puissante qui va vous permettre de transformer vos rêves en réalité.

> Si la volonté s'oppose à l'imagination,
> c'est toujours l'imagination qui l'emporte
> et non l'inverse.
>
> Maurice Daubard, Maître Yogi

22 - Pourquoi est-ce difficile d'imaginer ?

- Imagination : pas réel, seulement pour les artistes

L'opposition entre l'imaginaire et le réel est une notion complexe qui a fasciné les philosophes, les artistes et les penseurs à travers les siècles. L'imaginaire fait référence à tout ce qui relève de la création de l'esprit, des idées, des rêves, des fantasmes, tandis que le réel renvoie à ce qui est concret, tangible, observable dans le monde matériel. Cette dualité soulève des questions sur la nature de la réalité, de la perception et de la vérité.

Par exemple, dans la pensée populaire, si je dis que j'ai une maladie dite "imaginaire", je serai alors vue comme une hypocondriaque. L'imagination paraît donc moins nous préparer à l'action qu'à s'en détourner, à la fuir ou à la dénier...

Dans la littérature et les arts, l'opposition entre l'imaginaire et le réel est souvent explorée pour son potentiel narratif et symbolique.

Les écrivains et les artistes utilisent parfois l'imaginaire pour critiquer ou révéler des aspects cachés du réel, ou au contraire, pour échapper aux contraintes de la réalité et explorer des mondes fantastiques.

- Fonctionnement inconscient

Le fonctionnement de votre imagination est en effet en grande partie inconscient. L'imagination est une capacité mentale qui vous permet de créer des images, des idées et des concepts qui ne sont pas réellement perçus par vos cinq sens. C'est un processus complexe qui implique la réorganisation et la combinaison d'informations stockées dans votre cerveau de manière souvent automatique et involontaire.

Votre imagination peut être influencée par de nombreux facteurs, tels que vos expériences passées, vos émotions, vos croyances et votre environnement. Parfois, vous n'êtes même pas conscient des sources de vos idées et de vos pensées imaginatives.

Comme je l'ai évoqué pour le fonctionnement biologique de votre corps, ainsi que pour votre respiration, la plus grande difficulté que vous pouvez rencontrer est que là encore, votre imagination fonctionne sans vous. Vous n'avez pas besoin d'en avoir conscience pour que celle-ci imagine...

Ce qui peut vous laisser craindre d'avoir bien du mal à la maîtriser, puisqu'elle possède son fonctionnement autonome !

- Vous cherchez à tort à créer avec votre tête

Comme je l'ai déjà précisé dans la définition, les deux fonctions de l'imagination sont soit reproductrice soit créatrice. Seulement, j'insiste de nouveau sur cette dernière fonction qui est très importante. Nous croyons à tort que pour "créer", nous devons "inventer" de toute pièce dans notre tête.

Or, comme je l'ai déjà évoqué en parlant du "flow", du "flux" que nous devons laisser circuler à travers nous, il est important que vous vous libériez de cette pression. J'ai souvent entendu des gens me dire "je n'ai pas d'imagination". Seulement, même dans sa fonction créatrice, il apparait que vous ne faites que "combiner" des images déjà existantes dans votre esprit.

Si je vous demande par exemple d'imaginer un visage inconnu, il vous sera bien inconnu, dans son ensemble. Seulement, si nous venions le détailler ensemble, vous reconnaitriez certainement les yeux de votre tante, le nez de votre grand-mère, le menton de votre fils, etc... Soit une combinaison d'éléments connus pour former un tout inconnu.

- Intention claire

L'imagination est comme un muscle : plus vous l'exercez, plus elle se renforce. Seulement, si vous n'y avez prêté aucune attention jusqu'ici, cela peut alors vous paraître difficile. Vous savez en général ce que vous ne voulez plus. Or, cette partie "imaginer" vous invite clairement à vous demander ce que vous voulez, à poser clairement et précisément votre intention. Privilégiez le "aller vers" plutôt que le "s'éloigner de".

L'imagination est plus importante que la connaissance, car la connaissance est limitée, tandis que l'imagination englobe le monde entier, stimule le progrès, suscite l'évolution.

Albert Einstein, physicien, théoricien

23 - En quoi est-ce important d'imaginer ?

- Vie : expression matérielle de votre subconscient

Tout ce qui entre dans votre vie est l'expression matérielle de votre état d'esprit. Et je rappelle que votre conscient ne pèse que 5% de votre fonctionnement. C'est-à-dire que votre subconscient, gère votre fonctionnement à hauteur du reste. Vous imaginez ? Cette part si inégale ?

On imagine. Vous ne détenez que 5% des parts de votre maison et votre partenaire 95%. On imagine, vous souhaitez la vendre et lui (ou elle) non. A votre avis, qui l'emporte ? Même si vous avez une volonté de fer, qui l'emporte ?

Pas vous ! Vous vous en doutez bien.

Quelle est votre autre solution alors ? Le (ou la) convaincre. Et dans ce cas, vous avez plutôt intérêt d'utiliser son langage, chercher à trouver ses intérêts dans l'histoire sinon, pas de signature !

Pour votre subconscient, c'est pareil. Il détient 95% des parts de votre création. Grâce à tous les programmes qu'il a emmagasinés, il crée votre réalité.

Si vous voulez la changer, cette réalité, vous n'avez pas le choix que de parler le langage de votre subconscient. Son carburant, c'est la créativité qui coule en vous, lui permettant d'actionner sans cesse son imagination. Et son langage, ce sont les métaphores et autres propos oniriques. Cette imagination est sa réalité. Que vous le vouliez ou non, c'est bien cela pourtant.

Un présupposé bien connu en PNL, utilisé également en hypnose, nous dit que votre inconscient ne fait pas la différence entre le réel et l'imaginaire... Plus exactement, lorsqu'une information, qu'elle soit réelle initialement ou non, arrive à s'infiltrer dans votre subconscient, après avoir passé le garde-fou de votre conscience, alors cette information devient vraie.

Émile Coué (1857-1926), psychologue et pharmacien français, développa une technique de conditionnement mental, aujourd'hui connue sous le nom d'autosuggestion ou d'autohypnose. En travaillant dans le domaine de la pharmacologie, il découvrit que le pharmacien pouvait avoir une grande influence sur la guérison de ses clients.

Il se rendit rapidement compte que les croyances profondes d'un individu peuvent influencer son état de santé, et même l'ensemble de sa vie. Il étudia le fonctionnement de l'esprit humain, fit de nombreuses recherches, se retira à Nancy en 1902 et y développa progressivement sa méthode.

Selon la méthode Coué, c'est l'imagination, plutôt que la volonté, qui détermine les actes. L'inconscient est à l'origine des états physiques et mentaux et c'est par l'imagination que l'être humain peut communiquer avec celui-ci.

Les images mentales et les croyances négatives ont des effets dévastateurs sur la vie. Selon la méthode Coué, contrairement à ce que dit le vieil adage « Quand on veut, on peut », l'imagination est plus puissante que la volonté. Coué affirmait souvent : "L'insomniaque veut dormir comme l'alcoolique veut quitter son état, seulement cette volonté ne suffit pas. Il ne s'agit pas de vouloir guérir, mais de s'imaginer guéri ».

Pour illustrer le concept de sa méthode, Emile Coué citait fréquemment le texte de Blaise Pascal sur le vertige et la volonté. "Chacun d'entre nous est capable de marcher sur une planche de 10 mètres de long et de 25 centimètres de large si celle-ci est posée sur le sol. Mais supposons maintenant que cette planche soit placée entre les deux tours d'une cathédrale, peu de personnes seront prêtes à s'élancer ! Malgré tous les efforts de volonté possibles, la chute est quasiment inévitable. Dans le premier cas, l'imagination nous dit que la traversée est facile, dans le second, nous imaginons la chute."

Quiconque désire changer certains aspects de sa vie doit prendre le contrôle de son imagination. Chaque être humain possède cette capacité d'imaginer le possible et le positif afin d'expérimenter une qualité de vie meilleure. Émile Coué demandait ainsi à ses patients de répéter à haute voix matin, midi et soir, et ce, trente fois de suite, la phrase suivante : "Tous les jours, à tout point de vue, je vais de mieux en mieux ."

On considère ainsi Emile Coué comme le fondateur de l'autosuggestion, des effets placebo et nocebo, du coaching moderne. Sa méthode donna naissance à de nouvelles approches corps-esprit dont la pensée positive, la visualisation, la sophrologie ainsi que la programmation neurolinguistique.

Quiconque désire changer certains aspects de sa vie doit prendre le contrôle de son imagination.

- Syntonisation/attraction

Dans l'introduction de cette ouvrage, je vous ai parlé de deux lois importantes : la loi de la résonance et la loi de l'attraction.

Je rappelle : la loi de la résonance nous dit que les énergies de mêmes fréquences ont tendance à s'attirer mutuellement. La loi de l'attraction précise que nous attirons ce sur quoi nous concentrons notre énergie et notre attention.

Pour résumer, pour ne pas vous laisser influencer par des programmes inconscients qui ne seraient pas forcément bons pour vous, vous pouvez changer ce que vous attirez. Changez votre énergie, changez votre état interne, et portez votre attention sur ce que vous souhaitez attirer. Nous syntonisons (attirons) la même fréquence vibratoire que celle que nous émettons. Alors, choisissez ce que vous émettez.

- Imagination : pont vers le futur

Un pont vers le futur est une métaphore puissante que j'ai découverte lors de ma formation en PNL. Elle représente le lien entre le présent et l'avenir.

Comme un pont physique relie deux rives, un pont vers le futur relie le passé au potentiel de demain, l'état présent à l'état désiré.

Chaque décision que vous prenez peut être vue comme un pas vers le futur, vous rapprochant de vos objectifs et de vos rêves. Toutefois, pour ne pas vous faire distraire ni vous laisser embarquer dans un tourbillon émotionnel qui pourrait ne pas être le vôtre, il est important de cultiver une vision claire et précise (une intention) de ce que vous voulez accomplir dans votre futur.

Ce qui m'amène à vous parler de nouveau de la rétrocausalité, principe exprimé par Philippe Guillemant : "Nos intentions causent des effets dans le futur qui deviennent les futures causes d'un effet dans le présent."

La rétrocausalité propose ainsi que l'effet puisse influencer sa propre cause, remontant ainsi dans le temps. Bien que cela puisse sembler contre-intuitif, certains chercheurs explorent cette notion pour tenter de résoudre des paradoxes liés à la mécanique quantique et à la nature du temps lui-même.

La rétrocausalité soulève des questions profondes sur la nature de la causalité, du libre arbitre et de la réalité.

Les intuitions que vous percevez ou allez percevoir, pourraient être alors les indices de l'expression de l'un de vos futurs, ayant la plus grande probabilité de se réaliser, au regard de votre présent actuel.

Pour illustrer l'imagination couplée au pont vers le futur, je souhaite vous partager une expérience vécue en formation.

Il y a plusieurs années, en parallèle de ma formation, je me préparais à déménager dans une maison en pleins travaux. Plus exactement, il s'agissait d'une grange que nous étions en train de réhabiliter en maison. Le temps des travaux, nous avions prévu de nous installer dans une dépendance attenante, que nous avions transformée en studio.

J'étais très anxieuse à l'idée de ce déménagement, car j'avais l'étiquette à cette époque d'une personne "bordélique".

Je devais organiser ce déménagement en classant d'une part, les éléments essentiels qui nous seraient utiles dans notre quotidien, et ce pendant le temps des travaux, soit pendant un an. Et d'autre part, mettre en carton ce dont je pouvais me passer pendant cette période. Mon compagnon de l'époque, partait seul de son appartement. Seulement, moi, je devais gérer mes affaires, mais également celles de mes deux enfants, de six et neuf ans.

Pour la personne "bordélique "que j'étais, c'était le casse-tête. Les papiers, les vêtements, les jouets des enfants, les ustensiles de cuisine... Comment organiser tout ça en prenant en compte cette notion de "Peut-on s'en passer un an ou non ? "...

A deux mois de l'événement, l'exercice de "pont vers le futur" était tout trouvé. Je voulais réussir à organiser ce déménagement mais ma croyance d'être "bordélique" me brouillait les pistes, m'empêchant de "voir" comment je pouvais procéder.

Les yeux fermés, ma guide m'a fait explorer ma ligne du temps, en me faisant utiliser mon imagination.

J'ai alors découvert, au fil de ses questions que dans mon travail, j'étais perçue comme quelqu'un de très organisée. A cette période-là, j'étais assistante de Direction, et organisée. Je n'avais jamais songé à faire ce parallèle. J'étais restée enfermée dans cette étiquette de la personne "bordélique".

J'ai pris le temps de ressentir en moi cette ressource, de la faire grandir, puis vibrer... Si je ne l'avais vraiment pas eue en moi, j'aurais pu tout aussi bien m'inspirer d'une personne représentant à mes yeux l'organisation incarnée. Là, munie de cette ressource de personne organisée, j'avançais les yeux fermés sur ma ligne du temps. J'arrivais au présent lorsque ma guide m'invita à faire désormais ce fameux pont vers le futur.

J'ai ainsi pris le temps d'imaginer le meilleur déménagement. Je n'ai pas cherché à savoir comment celui-ci allait se dérouler ni même précisément ce que je ferai de tel ou tel carton. J'ai cherché à ressentir l'ambiance d'un déménagement parfaitement organisé. A sentir cette fluidité, cette évidence. J'ai poursuivi cette imagination en prenant conscience que ce que j'imaginais allait ouvrir le champ des possibles d'un futur se réalisant ainsi.

Sans rien faire, je sais que je me serai branchée, "grâce" à ma croyance limitante, au futur le plus probable en l'état initial des choses, soit un déménagement mal organisé.

Mais en imaginant, le plus réalistement possible, le déménagement de mes rêves dans ce contexte particulier, j'ai fait sauter cette croyance. J'ai pu me brancher, via ce pont, à ce nouveau futur, qui était déjà là et qui de fait, est devenu le plus probable... Pour in fine se réaliser avec brio, avec cette impression de l'avoir déjà vécu, puisque déjà imaginé !

> Exercer votre imagination (laquelle est l'Esprit Universel circulant à travers vous) à passer de ce que vous ne voulez pas à ce que vous voulez.
>
> Wayne Dyer, auteur

24 - Concrètement, comment on imagine ?

- Osez le "comme si..."

Vous en êtes à la sixième étape de l'expérience CREATIVE, et si jusqu'ici, vous avez pu avoir l'impression de ne faire que vous écouter, vous allez désormais enfin pouvoir commencer à vous créer !

Cette sous-partie, je l'ai intitulé osez le "comme si" car cela résume cette première attitude qu'il vous est nécessaire de cultiver.

Vous avez appris à prendre davantage conscience de vous et de votre place dans le monde, de cette égalité de chaque chose et de chaque être. Vous avez repris conscience de votre corps et accepté qu'il vous "parle" à travers un langage que vous décidez désormais de décoder, chaque jour. Vous avez compris que ce corps était votre outil, votre boussole la plus précieuse, qui sait tout ce qui est bon pour vous.

Ce corps, qui a un pouvoir d'autoguérison si vous l'écoutez et le nettoyez suffisamment de vos pollutions mentale, physique, émotionnelle et énergétique.

Ce corps, encore, qui assurera la réception de vos perceptions, de vos intuitions, si tant est que vous le lui demandez avec précision et bienveillance. En prenant soin de le nettoyer régulièrement, et de ranger votre intérieur, dans tous les sens du terme, vous saurez très facilement la provenance de ce qui le traverse.

Acceptez aussi que ce corps prenne pour vérité absolue tout ce que vous verbalisez, pensez, faites, voyez... Mais que vous pouvez lui parler et lui faire croire autre chose, si tant est que vous utilisiez son langage.

Ainsi, il vous fera grandir et devenir à souhait le créateur de votre vie. Pour cela, faites "comme si". Soyez comme un enfant jouant au jeu de "on dirait que..."

N'oubliez pas que les seules limites sont celles que vous vous mettez.

Et pour déployer cette capacité à faire "comme si", prenez quelques minutes chaque jour pour fermer les yeux et visualiser des scènes, des lieux ou des situations inventées. Cela peut aider à renforcer votre capacité à imaginer des détails clairs et précis.

Prenez l'habitude de noter toutes vos idées, sans vous censurer. Laissez libre cours à votre créativité et explorez différentes possibilités, même les plus farfelues.

En pratiquant régulièrement, vous pourriez trouver qu'il devient plus facile d'avoir une imagination claire et précise. N'oubliez pas que l'imagination est comme un muscle : plus vous l'exercez, plus elle se renforce.

Soyez persuadé(e) qu'en vous fiant continuellement à votre imagination, comme support de la création qui transite vers votre inconscient, vos idées vont se matérialiser. Et pour nourrir cette nouvelle croyance, il convient de soigner la qualité de votre imagination.

Observez le plus régulièrement possible votre environnement, la pièce par exemple dans laquelle vous êtes actuellement. Observez-là en pleine conscience en chassant tout jugement, acceptez la présence de tout ce que vous voyez. Connectez-vous à votre corps, présent dans cette pièce et laissez-vous baigner par l'ambiance, les sensations. Regardez cette pièce comme si vous la regardiez pour la première fois. Notez comment réagissent vos cinq sens. Observez si l'un d'entre eux est plus présent dans la perception de cet environnement. Notez ce qui semble appartenir à votre corps, c'est-à-dire la réaction qu'a votre corps face à cet environnement, et ce qui lui est propre, à lui. Peut-être que vous arrivez à différencier ce qui est à vous de ce qui ne l'est pas, sans pour autant réussir à nommer ce qui ne vous appartient pas. Ce n'est pas le plus important. Dans un premier temps, ce qui est primordial, c'est de reconnaitre ce qui vous traverse et de nommer ce qui vous appartient...

Une fois toutes ces sensations bien en vous, fermez alors les yeux. Faites "comme si" vos yeux étaient ouverts et commencez à reproduire la pièce dans votre imagination.

Entraînez-vous aussi souvent que possible.

Ouvrez les yeux et notez ce que vous avez oublié. Cela vous permettra de mieux découvrir vos filtres encore en place, en notant ce que vous ne vouliez peut-être pas voir, d'un côté, et découvrir plus encore ce sur quoi vous portez de l'intérêt.

J'ai fait beaucoup de théâtre et d'improvisation. Je mesure donc pleinement l'importance d'être authentique dans son jeu de comédien pour que tout notre corps s'aligne avec notre texte. Le "comme si" était au coeur de mon apprentissage, et l'a été de nouveau tout au long de ma formation en PNL.

Mais j'ai pris la mesure de son impact et de l'aide qu'il pouvait m'apporter au quotidien lors d'un stage intensif de yoga que je suis allée suivre en Bourgogne durant une semaine, il y a plusieurs années.

J'ai découvert ce stage "par hasard", à un moment où je découvrais l'impact éventuel de mes pensées sur les ressentis de mon corps. Pendant sept jours, j'ai ainsi suivi l'enseignement de Maurice Daubard, Maître Yogi. Sa spécialité : le Toumo, le yoga de l'extrême. Maurice était en l'occurence spécialiste de l'immersion dans une eau glacée sans mourir d'hypothermie.

Le syndrome d'Ehlers-Danlos implique entre autres, une problématique : la difficile thermorégulation du corps. En d'autres termes, cela signifie que mes douleurs sont habituellement amplifiées avec le froid, le vent et même l'humidité.

J'ai bien pensé déménager et m'installer au soleil, mais j'ai toujours eu un esprit "rebelle". Je ne voulais céder à cette tentation et préférais plutôt combattre le mal que le fuir.

Le programme de ce stage était assez dense. Exercices de respirations dès six heures du matin, salutation au soleil, yoga des yeux, montée sur des poteaux (et oui, comme à Koh-Lanta), baignade dans un lac très froid, douche froide... Et postures de yoga, postures de yoga et encore postures de yoga. A vingt deux heures, seulement, nous pouvions aller nous coucher. Sacré rythme.

J'avais besoin, à cette époque de quelqu'un de charismatique pour me guider, pour me pousser dans mes retranchements.

Je le savais légitime d'y arriver car à dix sept ans, il avait failli mourir de la tuberculose. Les médecins de l'époque ne donnait pas cher de sa peau et lui avait alors formellement interdit d'être en contact avec le froid, sous peine de mourir.

Qu'il ait 87 ans, un poumon en moins, une histoire pareille et une capacité à réaliser des postures improbables me suffisait pour lui faire confiance.

Cet homme et son enseignement a radicalement changé ma vie. Bien que cette semaine ait été pour moi, la plus difficile qu'il soit, je n'oublierai jamais ce qu'il m'a permis de réaliser : constater comment notre imagination agit sur notre corps.

J'arrive sur le lieu du stage. Un vieux corps de ferme en pierres apparentes au fin fond de la Bourgogne. De la végétation partout. Un potager. Une serre. Un étang avec des tas de lotus. Des bancs de contemplation. Un nombre incalculable de rondins de bois. Et au milieu, une grande tablée en pierre, avec des bancs de chaque côté.

Je salue Maurice Daubard, ainsi que tous les participants qui sont déjà arrivés. Nous serons dix. Cinq hommes et cinq femmes. Il restait bien de la place dans les chambres spartiates qui nous étaient aménagées dans les dépendances. Mais trop sensible au moindre bruit pour m'endormir, j'ai préféré m'isoler et planter ma toile de tente au fin fond du terrain.

1er jour – 6 heures du matin – avant d'entamer nos 10 heures de yoga de la journée, qui seraient notre rythme pour les 7 jours à venir, Maurice nous demande si nous avons bien dormi.

Chacun répond une sorte de oui de complaisance. Mais moi, je réponds non. « Non. C'était la pleine lune. Je n'ai pas pu fermer l'œil de la nuit. » Maurice me regarde droit dans les yeux et me dit "depuis quand la pleine lune empêche de dormir ?" Dans ma tête, je me dis : "Bah, il ne connait pas ça ?"

J'allais lui répondre à voix haute mais je m'aperçois qu'il n'attendait surtout pas de réponse de ma part. Il affirme : "pleine lune ou non, si tu décides de dormir, tu dormiras." "Bah, non, me suis-je dit intérieurement de nouveau ! "

Et il ajoute cette phrase, qu'il répètera ensuite sans cesse lors du stage, très largement inspirée du fameux psychologue Emile Coué et que j'ai mis plusieurs jours à comprendre : "Si la volonté s'oppose à l'imagination, c'est toujours l'imagination qui l'emporte, et non l'inverse."

Aujourd'hui, je ressens l'énergie de la pleine lune, mais j'ai changé ma croyance. J'ai imaginé et inscrit en moi que pleine lune ou pas, je dormirai... et je dors désormais !

- Vérifier votre boussole intérieure

Vous allez pouvoir désormais vous amuser à passer au crible toutes les croyances que vous avez notées et observées. Et pour commencer à vous entrainer à percevoir intuitivement ce qui est bon pour vous, vous allez soumettre chaque scénario à votre meilleur jury : votre corps.

Vous pouvez "croire" vouloir progresser professionnellement, vouloir ce poste de direction ou encore gagner davantage que ce que vous ne gagnez aujourd'hui... Mais si intérieurement, vous ne vous l'imaginez pas comme tel, alors cela ne fonctionnera pas.

Un jour, j'ai passé un concours dans la fonction publique. Cela était pour moi contre nature. Mais j'avais travaillé mon esprit pour l'obtenir. En effet, ce concours allait me permettre de passer à temps partiel, sans déperdition financière, me laissant ainsi du temps pour développer mon projet d'entrepreneuse.

J'ai imaginé, je me suis imaginée ce concours en poche, et contre toute attente, j'ai senti un blocage à l'intérieur de moi. Si je n'avais rien fait, je n'aurai pas eu ce concours.

Mais connaissant la puissance de mon inconscient, j'ai décidé d'aller le sonder, pour découvrir quelle croyance en moi provoquait ce blocage. J'ai alors utilisé mon corps comme une boussole, comme un pendule. Souvenez-vous, il ne ment jamais.

J'ai énuméré une à une chacune des croyances auxquelles je pensais.

A chaque fois que je "présentais" une croyance à mon corps, je m'attachais à fermer les yeux, et à lui créer la situation la plus réaliste qu'il soit, à recréer une ambiance perceptible enrichie de mes cinq sens, ou a minima deux à trois sur cinq.

J'ai cherché à savoir si, ce qui bloquait, venait de ma peur de susciter de la jalousie chez mes collègues ? Mais non.

Et si je craignais que mes responsabilités professionnelles changent ? Mais non. Et ainsi de suite jusqu'à découvrir que je craignais de dépasser mes parents, et notamment mon père.

Croyance qui a dû m'apporter quelque chose fut un temps, mais qui n'était plus le cas. Aujourd'hui, elle m'empêchait de vibrer la réussite de ce concours. Je n'ai pas cherché le pourquoi. J'ai tout simplement accepté sa présence, l'ai remerciée pour ce qu'elle m'a apportée, cette croyance. Et j'ai décidé en conscience de procéder au tri parfait en m'en séparant.

Pour John Grindler et Richard Bandler, les créateurs de la PNL, il existe trois catégories de croyances limitantes :

1) Le désespoir ("Je ne pourrai jamais"),

2) L'impuissance ("Je ne suis pas capable"),

3) La dévalorisation ("Je ne suis pas légitime").

Je crois que ma croyance appartenait à la première catégorie.
Je ne pourrai jamais... Mais en pleine conscience, j'ai décidé de m'en séparer, sans laisser de place au doute.

Et comme la nature n'aime pas le vide, il convient dans ce cas de la transmuter aussitôt, c'est-à-dire de transformer l'ancienne croyance par une nouvelle plus aidante.

J'ai alors fait un 180°, admis que tout était possible en m'autorisant à gagner plus que mes parents. Fini le conflit de loyauté qui m'emprisonnait.

La première fois que j'ai utilisé en conscience mon imagination pour créer cette nouvelle option, croyez-moi que j'ai senti la résistance de mon corps. Mais à force de répétitions, et en me faisant aider de mon mental et de mes cinq sens, mon imaginaire s'est fait de plus en plus réaliste, pour enfin réussir à imprimer ce nouveau programme.

J'ai cherché à faire corps à corps, cœur à cœur avec mon épreuve écrite autant que mon oral, avec mon jury, avec mon parcours, l'ensemble de mon parcours, mes qualités comme mes défauts, en toute humilité, avec bienveillance. J'ai passé un quart de mon temps seulement à réviser les notions théoriques relatives à ce concours, contre les trois quart à me repasser en boucle ce film en moi. Ce film qui s'enrichissait de détails, et de sens à chaque nouvel projection.

J'ai aimé ce film intérieur imaginaire qui m'a tenu compagnie des jours durant. Et j'ai aimé les résultats qui, au delà de me permettre de développer mon projet, m'ont permis de confirmer l'importance de cet exercice si exigeant qu'est l'imagination. Votre moyen de découvrir si celle-ci est bonne pour vous, bonne pour la création de la meilleure version de vous-même, est votre baromètre de joie.

Si après plusieurs tentatives, ce n'est toujours pas le cas, c'est peut-être tout simplement que ce scénario n'est pas pour vous.

Testez-en un autre et voyez si vous ressentez de la joie.

Si après plusieurs sessions d'imagination, la boule logée dans l'estomac n'avait pas disparu, à coup sûr, je l'aurai écoutée, en me disant que ce concours n'était juste pas pour moi.

Les raisons n'auraient peut-être pas tout de suite été évidentes, mais je l'aurai découvert tôt ou tard. Tout fini par se matérialiser, par remonter à la surface...

Et bien qu'au demeurant, quelque chose semble "mal tourner", cela signifie bien souvent qu'au fond, quelque chose de mieux vous attend. Et plus vous accepterez cet état de fait, moins vous résisterez... et plus rapidement alors, vous accèderez à ce mieux qui n'attend que vous !

La réalité est ce qui ne se voit pas à l'oeil nu.

Danilo Ris, conseil à un jeune écrivain

7ème étape
VISUALISER

25- Définition de visualiser

Cette septième étape vous approche un peu plus encore de la concrétisation. Elle est à ce point proche de la réalité, qu'elle est déjà la réalité pour votre subconscient.

A l'instar de cette idée, observez à quel point l'illustration de cette partie ressemble à la couverture de ce livre.

Plus "réaliste" et "chargée" encore que l'imagination, la visualisation va agir tel un aimant pour attirer les intuitions dont vous avez besoin pour vous guider sur votre chemin.

Visualiser signifie rendre visible un phénomène qui ne l'est pas, le mettre en évidence de façon matérielle (ex : l'afficher).

Comme pour l'hypnose et la sophrologie, faire croire à votre inconscient que le film intérieur, qui est projeté dans votre esprit, est vrai.

La visualisation est une technique puissante qui consiste à créer des images mentales claires et détaillées pour atteindre un objectif spécifique. En se concentrant sur ces images, on peut entraîner son cerveau à croire en la réalisation de ces objectifs, ce qui peut aider à les concrétiser dans la réalité.

La visualisation est souvent utilisée dans des domaines tels que le sport, les affaires et même la santé pour améliorer les performances, réduire le stress et renforcer la confiance en soi. Vous allez désormais découvrir à quel point elle peut vous aider à attirer à vous les intuitions dont vous avez besoin pour vous créer.

> Vous n'attirez jamais ce que vous voulez, mais toujours ce que vous êtes.
>
> Neville Goddard, auteur

26 - Pourquoi est-ce difficile de visualiser ?

- Résistance au changement

La difficulté de visualiser, de nouvelles solutions possibles ou de nouveaux scénarios, peut souvent être attribuée à votre résistance naturelle au changement.

En effet, en tant qu'humain, vous avez peut-être tendance à vous sentir plus à l'aise dans votre zone de confort, où tout est familier et prévisible. Le changement, même s'il peut apporter des améliorations significatives, est souvent perçu comme une menace pour cette stabilité. Cela peut entraîner une certaine réticence à envisager des idées ou des solutions différentes de celles auxquelles vous êtes habitués.

Cela fait des mois que je suis sur l'écriture de ce livre. Je suis désormais à ma troisième réécriture. Plus de 200 pages, une troisième fois ! Et c'est drôle, car je me sens dans un processus inverse de celui présent lors de mes expériences avec le riz.

Lors des deux premières tentatives, face à ces pots de riz, je ne m'attendais à rien. J'avais la naïveté, la curiosité et l'émerveillement de l'enfant.

Ce n'était pour moi qu'un test, rien de plus. Pas d'enjeu... Alors, j'ai joué. J'ai joué au "comme si" avec conviction, en visualisant précisément l'état que je voulais voir advenir du riz présent dans chacun des deux pots : noir et tout moisi pour l'un ; blanc et anormalement conservé pour l'autre.

Ce n'est qu'à la troisième tentative que mon égo s'en est mêlé. Il y a vu l'occasion rêvée de s'attirer du pouvoir. "Comment ça ? Nous pouvons avoir de la puissance sur la matière ? Mais je veux voir ça... Laissez-moi faire !"

Cette leçon a été la meilleure leçon d'humilité qu'il soit. Cette troisième expérience n'a rien donné. Les pots de riz n'avaient pas moisi, contrairement à ce qu'ils auraient dû faire naturellement... Mais ils étaient restés blancs, tous les deux.

L'interférence de mon mental avait généré des interférences sur mon test d'origine.

Concernant l'écriture de ce livre, l'inverse s'est donc produit. Mon égo était très présent dès le départ, plus axé sur le fait d'écrire du "Julie Baudoin" que de vous écrire à vous. Plus axé à s'écouter penser qu'à chercher à vous parler.

Lors de mes deux tentatives d'écriture, j'ai pleinement senti l'obligation de résultat de mon égo. Je me sentais "poussée" à écrire, mais n'arrivais pas à visualiser ce livre, ni à vous visualiser "vous".

Il me l'empêchait, car vous écrire à vous, avec le coeur, le menaçait lui. Cette lutte a duré des mois et a bien failli me décourager.

- Manque de concentration : trop de zapping

Le manque de concentration peut être un défi pour de nombreuses personnes dans leur vie quotidienne. Il peut être causé par divers facteurs tels que le stress, la fatigue, les distractions ou même des problèmes de santé mentale.
Ce qui rend la tâche plus difficile encore, est le fait que nous vivons dans une société moderne dite de zapping, c'est-à-dire dans une société de consommation rapide et de divertissement instantané.

Le terme "zapping" est souvent associé à la pratique de changer fréquemment de chaîne de télévision pour trouver rapidement quelque chose d'intéressant à regarder. Cependant, il peut également être étendu à d'autres aspects de la vie quotidienne, tels que les réseaux sociaux, les actualités en ligne, la musique en streaming, etc.

Cette tendance au zapping peut avoir des effets sur votre capacité à vous concentrer sur une tâche pendant de longues périodes, ainsi que sur votre capacité à apprécier pleinement des expériences plus profondes et significatives.

- Demande de l'énergie

A ce stade de votre lecture, vous avez évidemment compris que votre énergie est votre carburant essentiel pour vous créer.

Dans une société qui souhaite à ce point vous divertir, vous faire consommer, il est facile "d'offrir" votre énergie sans en avoir conscience. Votre attention est votre énergie.

Pour les plus empathiques d'entre vous, vous avez déjà pu comprendre à quel point vous pouviez vous faire "voler" de l'énergie du fait de votre porosité émotionnelle.

Seulement, observez également le nombre de notifications, de sollicitations de tout type, d'informations, et peu importe qu'elles soient vraies ou fausses, de contenus en ligne, de publicités, de messages auxquels nous nous promettons de répondre, bien que ce soit aujourd'hui un effort de se souvenir par quel canal il a bien pu nous arriver (Messenger, mail, espace personnel, texto, Instagram, whatsApp, ...).

Dans un monde où nous sommes constamment sollicités, notre capacité à nous concentrer sur une tâche spécifique est devenue une denrée rare. Les entreprises cherchent à capter notre attention car elle représente un potentiel de revenus publicitaires et de ventes énorme.

On ne cherche plus tant à nous "vendre" des produits qu'à nous maintenir comme "étant nous-même le produit".

Les plateformes numériques utilisent des algorithmes sophistiqués pour analyser nos comportements en ligne, nos préférences et nos habitudes de consommation, afin de personnaliser les publicités que nous voyons. Cela crée un cercle vicieux où notre attention est constamment sollicitée, ce qui peut avoir un impact sur notre bien-être mental et notre capacité à nous concentrer sur des tâches importantes.

- Demande du temps

Passer en revue chacune des étapes de l'expérience CREATIVE, demande de la rigueur et de l'assiduité. Si vous pratiquez les cinq premières un peu chaque jour, cela ne devrait pas vous prendre trop de temps.

En revanche, je ne vais pas vous mentir. Imaginer et plus encore visualiser demandent du temps. Et parmi les personnes qui m'ont rapporté qu'elles avaient de la peine à visualiser, il est souvent ressorti qu'elles voulaient aller trop vite. Visualiser demande du temps et de la disponibilité d'esprit. Et plus encore du fait que la visualisation doit idéalement se faire dans cette fameuse fréquence alpha, cette fréquence de rêverie, là où le temps semble ralenti.

Le manque de temps est un problème courant dans la vie moderne. Entre le travail, la famille, les loisirs et les responsabilités quotidiennes, il peut être difficile de tout concilier. Et il est évident que si vous gardez en tête votre "To do list", il sera difficile de lâcher prise et de prendre le temps de descendre en vous, dans votre coeur, à prendre le temps de visualiser ce que vous souhaitez.

Quelqu'un qui me dit qu'il n'a pas le temps pour visualiser ce à quoi il aspire, alors qu'il passe en moyenne trois heures par jours sur des écrans (ordinateur, tablette, smartphone...) se crée alors de fausses excuses. Du temps, nous en avons tous. Charge à chacun de prendre ses responsabilités pour décider comment l'utiliser. Pour autant, je précise que toutes les visualisations ne se valent pas. La visualisation d'une maison n'est pas celle d'une place de parking qui se libère...

> La visualisation est l'acte de créer une image claire et précise de ce que vous voulez accomplir.
> C'est la clé pour transformer vos rêves en réalité.

Jim Carrey, acteur

27 - En quoi est-ce important de visualiser ?

- Intégration grâce au "comme si..."

Intégration. Il s'agit en effet, bien de cela. Plus vous vous approchez de la fin de cette expérience CREATIVE, moins vous découvrirez de théories nouvelles.

La visualisation étant déjà la réalité pour votre subconscient, rien de mieux que de lui raconter des histoires pour qu'il intègre davantage encore.

Nous avons déjà, à plusieurs reprises, abordé cette nécessité de faire "comme si". Pour mieux vous l'exprimer encore, je tiens à vous partager une expérience que j'ai réalisée à Pâques 2020.

Nous étions confinés et n'avions le droit de voir personne. Pour occuper mon temps, je me suis adonnée à mon "sport" favori : faire des tests. J'ai pour cela demandé de l'aide à mes enfants.

Je leur ai demandé de me cacher dans la maison trois petits oeufs de Pâques à la liqueur. Un vert. Un rose. Un jaune. Ils me les ont cachés chacun dans trois endroits différents de la maison. Trois petits oeufs de Pâques dans 150 mètres carrés.

En tant que radiesthésiste, je me suis mise une pression énorme. J'entendais mon mental me dire "tu ne peux pas te louper, sinon, la honte". J'ose avouer que j'ai mis un temps fou à trouver en moi l'humilité, le détachement, la curiosité, l'amour de la recherche. J'entendais cette peur de ne pas me sentir légitime, de ne pas y arriver, criant bien plus fort que ce que j'aurais dû entendre : "si je trouve, c'est bien ; si je ne trouve pas, c'est bien aussi... Tout est un apprentissage."

Cette lutte m'a provoqué de terribles tensions dans le corps, que j'ai réussie à évacuer en craquant, littéralement. En laissant s'EX-primer mes larmes. Le parfait lâcher-prise. A partir de ce moment-là, seulement, mon état interne avait véritablement changé. Tant que je me sentais trop "concernée" par le résultat de cette recherche, aucune visualisation n'était possible.

La pression lâchée, le tube en grande partie nettoyé, je me suis installée confortablement, bien droite et alignée sur une chaise. Je ressentais en moi ce "tout est possible". J'admettais que Julie Baudoin ne pouvait pas trouver où était caché ces oeufs. Que de tout évidence, à moins de passer des heures à fouiller ma maison, je ne pourrais jamais les trouver.

Cet état de fait étant enfin acté par mon mental, il accepta donc de m'aider en me parlant en boucle. Pour chacun, j'ai pris un oeuf témoin, de même couleur que celui recherché.
Le premier était vert.

J'ai veillé à créer en moi ce film parfaitement réaliste du "je-trouve-le-même-petit-oeuf-vert-caché-quelque-part-dans-ma-maison-que-celui-posé-sur-ma-table-devant-moi."

Comme pour le pont vers le futur de mon déménagement, je n'ai pas "cherché" à savoir où il était. J'ai cherché à me brancher sur cette fréquence, qui existait quelque part parmi les différents futurs possibles, vibrant le "elle-le-trouve".

Je me suis représentée en train de trouver cet oeuf. Cette gratitude envers cet Univers si riche d'informations. Cette reconnaissance de me sentir si entourée, si soutenue.

Si vous habitez Angers ou ses alentours, que vous vous branchez sur 103,6 en cherchant à écouter France Inter, que se passera-t-il, à votre avis ? Vous serez déçu(e).
"Ça ne marche pas ce truc. Encore des charlatans. Pfff. Vraiment n'importe quoi. Je veux France Inter et je récupère Skyrock ! Super..."

À votre avis, pourquoi n'avez-vous pas capté France Inter ? Tout simplement, parce que 103,6 n'est pas sa fréquence. La fréquence de France Inter est 93,2.

Si je cherche des oeufs de Pâques en gardant en moi la fréquence de "je-ne-les-trouverai-pas", à votre avis, que va-t-il se passer ? Et bien, j'aurai raison. Je ne les trouverai pas.

Il est donc important d'aller visualiser en veillant à chasser tout doute, tout conflit intérieur, toute résistance, toute contradiction. Ne passez pas à l'action de vouloir récupérer des intuitions tant que vous n'êtes pas sur la bonne fréquence.

- Connexions neuronales modifiées

Pour vous montrer l'importance de la visualisation, notamment dans le fait de créer des connexions neuronales nouvelles, je souhaite vous partager un nouvel exemple. Et pour cela, je vous amène de nouveau en Bourgogne chez Maurice.

Les échauffements et premiers étirements passés, je découvre ensuite ce qui nous attendait et ce qui nous attendrait chaque matin...

Etendue d'herbe derrière la maison principale. 3 poteaux espacés. Une hauteur respectivement pour chacun d'eux d'1 mètre de haut, de 2 mètres et de 3 mètres (deux fois ma taille).

Maurice vient de nous annoncer que chaque matin, nous aurons le défi de monter sur ces 3 poteaux, de vingt centimètres de diamètre, tout juste enfoncés dans le sol.

Je sens en moi que je passe par tous les stades. Choc, colère, négociation... Puis tristesse. Si tout le monde le fait, la honte si je suis la seule à reculer. L'effet du groupe.

Avant d'envisager celui de 3 mètres, Maurice nous accompagne pour travailler au sol, comme des sportifs de haut niveau, comme des pilotes de chasse.

Il me voit tétanisée. Il s'approche, rit un peu, se moque gentiment, puis me dit : « c'est ici que tu réfléchis, que tu visualises tout, que tu anticipes tout. Une fois là-haut, je te le dis, si tu réfléchis, tu meurs ! » Ça me rassure sacrément...

Je ferme les yeux et je sens que la lutte commence.

Incapable de faire taire mon mental. « qu'est-ce que tu fous ? Tu ne vas tout de même pas céder... casse-toi ! Tu as entendu ? Il a dit que tu pouvais mourir. Tu es cinglée. »

Pieds nus, je cherche à respirer calmement, puis à prendre conscience de tout, pleinement. Mes pieds nus sur le sol. Ces brins d'herbes entre mes orteils. Cette petite brise. Les autres stagiaires autour de moi. Ce soleil. Les oiseaux. Je cultive cette hyper-conscience. Mais je sens l'hyper-vigilance qui se pointe. Je décide de l'écouter, comme j'écouterais un enfant en colère, sans pour autant devoir lui céder.

"Tu n'y arriveras pas. Tu vas nous tuer. Et à quoi ça sert ? Hein, à quoi ça sert ? A rien. Jamais plus on n'aura besoin de refaire un truc pareil. Tu veux faire Koh-Lanta ou quoi ?"

Cette négociation est longue. J'écoute. Je rassure. Comme un enfant pris de panique à l'idée de quitter les roulettes de son vélo, je me mets à sa hauteur et le rassure sur l'après. "Quand tu auras fait ça, tu te sentiras grand. Si fier. Fais-moi confiance.

Dis-moi. C'est important. Qu'est-ce qui t'fait peur ?
Qu'on s'écrase ? Ok."

Je n'ai pas la notion du temps. Je crois bien que ça doit faire presqu'une demi-heure que je négocie avec mon mental. Que j'écoute les obstacles et que je cherche avec lui des plans. Je co-construis.

Les yeux fermés. Toujours les pieds nus au sol. Ma visualisation commence.

Je m'approche du poteau de trois mètres. Deux stagiaires sont de part et d'autre de la petite échelle de 2 mètres 90, juste posée afin de la maintenir, pour ne pas qu'elle pivote autour de ce rondin géant.

Onze barreaux. Je pose le milieu de mon pied droit nu sur le premier barreau de l'échelle, mes mains sur le cinquième. Ce n'est pas agréable. Le barreau est rond et mon pied très sensible a mal. Je décale donc mon pied de façon à ce que le barreau touche la partie haute de mon pied, plus dure.

J'avance barreau après barreau, un à un sans trop de crainte. Seulement, me voilà, déjà arrivée au 11ème barreau. Comment faire ?

Le diamètre est si petit. Tout juste celui d'une assiette plate. Comment poser mes mains tout d'abord, puis mes pieds ? Les deux dessus ?

Je m'aperçois que forcément, une fois là-haut, mes doigts de pied vont dépasser.

Mon mental s'emballe de nouveau. Je sens le vent sur mes joues, sur l'ensemble de mon corps.

Une image violente m'arrive. Mon corps s'écrasant au sol en tombant de trois mètres de haut. J'ai pourtant déjà les yeux fermés mais cette image est si choquante que j'ai le réflex de vouloir les fermer davantage encore, pour ne pas voir.

Perceptions contre imagination.

Je sens cette lutte intérieure, encore. Si je ne veux pas que cette image soit une prémonition, je dois la changer. La virer avec fermeté. Je me vois là-haut, corps déployé, à la cime des arbres.

Si la plante de mes pieds est à 3 mètres de haut, alors mes yeux sont à 4 mètres 50 ? Je mesure 1m68. Le tout posé sur une assiette plate... Non, je ne dois pas penser à toutes ces mesures. La peur m'envahit de nouveau. Ce vent. Il va me faire tomber.

Mon plan. Occuper mon mental à parler. J'ai remarqué qu'il ne peut pas faire deux choses en même temps. Je lui demande de dire. "Détermination. J'y arriverai. Détermination. J'y arriverai. Détermination. J'y arriverai..." Je poursuis en me connectant à la joie immense d'y être arrivée. À la fierté même, j'ose me l'avouer. L'orgueil n'est pas joli joli. Mais tant pis. Je me vois exulter de joie une fois revenue au sol d'avoir été en capacité de le faire.

Je ne peux pas détailler l'ensemble de ce que j'ai visualisé ce jour-là. Car j'ai passé en revue un à un chacun de mes gestes. Le plus difficile était la redescente.

Droite, debout sur ce petit diamètre, il faut plier les genoux, le regard fixe, droit devant... Et descendre en douceur, jusqu'à ce que mes mains atteignent mes pieds de nouveau.

Lorsque je sens l'appui suffisamment solide, mes mains ceinturant solidement la coupe du poteau, je décolle alors mon pied droit pour venir le poser sur le onzième barreau... avant d'entamer la descente...

Cette visualisation m'a permis de modifié mes connections neuronales. Jamais auparavant je n'avais fait ce genre d'expérience, et jamais Ô grand jamais, je n'y avais même songé. Cette visualisation a crée une "expérience" dans mon subconscient, permettant à celui-ci de me guider, comme un grand frère l'ayant déjà fait, lorsque je suis réellement passée à l'action.

• Répétitions illimitées sans risque

La visualisation est une technique puissante qui permet de s'entraîner mentalement sans prendre de risques physiques. En visualisant une situation, un mouvement ou un scénario, on active les mêmes zones du cerveau que si on était en train de le faire réellement. Cela signifie que la pratique mentale peut aider à améliorer les compétences, la confiance en soi et la performance globale. Les sportifs de haut niveau utilisent souvent la visualisation pour se préparer mentalement avant une compétition, en imaginant chaque détail de leur performance de manière positive et réussie.

En plus de son utilisation dans le sport, la visualisation peut également être bénéfique dans d'autres domaines de la vie, comme la préparation à un discours public, la gestion du stress ou la réalisation d'objectifs personnels. En visualisant le succès et en se concentrant sur les émotions positives associées à la réalisation de ses objectifs, on renforce sa motivation et sa détermination. Ainsi, la visualisation permet non seulement de s'entraîner sans risque, mais aussi de se préparer mentalement à affronter divers défis avec confiance et calme.

Et j'ai en tête l'exemple d'un ancien collègue à qui il est arrivé une mésaventure qui aurait pu lui coûter le bras.

Cet homme est très sportif et très fréquemment, il fait des sorties VTT (Vélo Tout Terrain) avec un ami.

Lors d'une sortie, son vélo butte contre une racine et le voilà faisant un soleil par-dessus son vélo. Dans cet accident, sa clavicule se casse.

Une fois rentré chez lui, avec le soutien de son ami, il est dans l'obligation d'immobiliser son bras pour quelques semaines, le temps que la clavicule ne se ressoude.
En effet, dans ce cas-là, le corps se répare tout seul et nulle besoin d'opération.

Seulement, après plusieurs semaines, et alors même que tout le corps médical s'accordait pour garantir que mon collègue était bien rétabli, ce dernier ne pouvait pour autant toujours pas bouger le bras. Malgré les séances de kiné, plus de mobilité.

Après recherche, un neurologue décrypte qu'une part de son cerveau, voyant la chute arriver, a procédé à un coupe-circuit.
De peur d'avoir mal, la connexion liée à l'éventuelle souffrance de son bras avait été éteinte. La solution de son rétablissement ne se trouvait dans ce cas pas dans son bras, mais bien dans son cerveau, et plus exactement, dans son inconscient.

Il ne lui a fallu que quelques séances pour constater rapidement l'amélioration. Grâce à l'hypnothérapie, il a pu faire et refaire le geste de bouger son bras. Visualiser qu'il faisait les choses de la vie quotidienne normalement.

La connexion rétablie, il retrouva l'intégralité de la mobilité de son bras, sans avoir cherché à le bouger pour de vrai.

> Sans le dysfonctionnement de l'égo, notre intelligence s'aligne totalement sur le cycle d'expansion de l'intelligence universelle et sur sa pulsion à créer. Nous participons alors consciemment à la création de la forme.
> En fait, ce n'est pas nous qui créons, mais l'intelligence universelle qui crée à travers nous.
>
> Eckhart Tolle, Nouvelle Terre

28 - Concrètement, comment on visualise ?

- Pensez en partant de la fin

Il est important de rappeler que votre intuition se réfère à votre capacité innée à comprendre quelque chose instantanément, sans recourir à un raisonnement logique. Votre "sixième sens" vous guide dans vos choix et vous aide à ressentir ce qui est juste pour nous. Vous pouvez percevoir cette intuition de différentes façons : par vos cinq sens, vos ressentis, vos rêves, une petite voix, etc...

Pour que la réception de cette intuition soit claire et précise, vous devez poser votre intention de manière claire et précise. Il s'agit là du parallélisme des formes.

Soit vous utilisez votre imagination pour sonder votre corps, afin de découvrir ce qui est le mieux pour vous.
Soit vous utilisez la visualisation pour changer ce que vous décidez de changer, en vous attachant dans ce cas à parler le langage de votre subconscient.

Dans un cas comme dans l'autre, vous devez penser en commençant par la fin.

Que ce soit pour vous écouter ou pour vous créer, il est important de prendre du temps pour réfléchir à ce que vous souhaitez accomplir et pourquoi c'est important pour vous.

Dans tel ou tel cas, quelle est votre intention ? L'intention est la force qui guide vos actions et vos pensées, alors il est crucial de la cultiver consciemment.

Vous pouvez commencer par vous poser des questions sur vos motivations, vos valeurs et ce que vous espérez réaliser.

Ensuite, comme vous l'avez vu avec les quelques exemples que je vous ai proposés, il est utile de visualiser vos objectifs et de vous concentrer sur les émotions positives que vous ressentez, en les envisageant atteints.

Il y a quelques années, j'étais séparée et célibataire depuis plusieurs mois déjà. A cette période, je m'étais faite la promesse de ne pas me remettre en couple avec qui que ce soit, tant que je ne serais pas tombée amoureuse de moi avant. Je me disais que si je vibrais avec l'énergie du manque d'amour, je ne pourrais jamais créer de relation saine.

J'ai longuement travaillé, toutes les étapes de l'expérience CREATIVE, en m'attardant principalement d'abord sur les quatre premières. J'ai passé beaucoup de temps avec moi-même, travaillé à embrasser mon enfant intérieur, à faire la paix avec toutes les parties de moi, avec mon corps. Je me suis acceptée et surtout engagée vis-à-vis de moi-même à ne plus jamais me trahir ni m'oublier.

Après tout, la personne avec laquelle je vais passer le reste de ma vie, c'est moi. Ce ne serait pas juste de continuer à me trahir ainsi, d'oublier mon corps, et de ne pas m'exprimer lorsque cela m'est nécessaire.

J'ai passé des mois à me "nettoyer". Puis un jour, j'ai senti que l'amour circulait en moi. J'ai été surprise car j'avais les yeux ouverts, pleinement consciente et pour autant, je recevais cet amour si pur que je n'avais jusqu'ici ressenti que lorsque j'étais en travail (géobiologie, radiesthésie, ou en soins énergétiques). J'ai découvert ce jour-là que j'ai, comme vous peut-être, cherché l'amour, alors qu'il était déjà là, juste là, à tenter de s'écouler péniblement dans mon tube parmi mes bouchons.

C'est seulement lorsque j'ai senti cet amour-là en moi que je me suis sentie prête à visualiser l'homme de mes rêves. Je n'ai pas cherché à lui mettre des cheveux bruns ou blonds, telle ou telle taille, ni tel ou tel style vestimentaire.

Je me suis laissée aller à ressentir l'énergie qu'il dégagerait cet homme. Pour cela, je m'étais laissée inspirer par une femme ayant évoqué dans un podcast la visualisation qu'elle avait pratiquée et qui lui avait permis de trouver son mari.

De même, des mois durant, et ce, pour tous les actes de la vie quotidienne, je le "sentais" vivre avec moi. J'imaginais les discussions que nous pourrions entretenir mais plus encore, je visualisais l'ambiance autour de ces discussions : fluide, respectueuse, avec beaucoup d'écoute et d'amour.

J'ai travaillé très précisément ma visualisation sur ce que l'amour signifiait pour moi.

L'équation qui résume le mieux cela, c'est $1 + 1 = 3$.

Je m'aime. Cet homme s'aime. Nous n'avons pas "besoin" de l'amour de l'autre pour vivre. Sous-entendu, nous pouvons nous nourrir tout seul d'amour et d'énergie, sans attendre que l'autre ne le fasse.

Dans ma vision, et plus encore dans ma visualisation, j'ai amplifié cette notion de ce que la rencontre de deux amours formait : une énergie plus grande englobant largement les deux énergies qui la composent initialement.

Pendant six mois, il a vécu avec moi, sans l'avoir encore rencontré. Cette fluidité me prouvait que plus aucune croyance limitante cachée ne pouvait faire obstacle.

Tout ce temps de visualisation peut paraître étrange, mais la précision de ce film est la garantie que ce que vous vivez dans votre imaginaire est bon pour vous. Commencez par la fin permet de vous focaliser sur "aller vers", sur ce que voulez vraiment et de vous y accrocher.

Rappelez-vous, le "comment" n'est pas de votre ressort. L'Univers se chargera de vous connecter à la fréquence que vous émettez. La seule responsabilité qui est la vôtre est de chercher votre but, et de l'imaginer atteint.

"

Vous devez être le changement que vous voulez voir dans
ce monde.

Mahatma Gandhi, philosophe

"

8ème étape
EXPERIMENTER

29- Définition d'expérimenter

Comme vous l'aurez compris au travers les quelques bribes de mon parcours, j'ai personnellement beaucoup expérimenté. D'ailleurs, en écrivant ce livre, je (re)découvre presqu'autant que vous à quel point j'aime me lancer des défis très intenses.

Si j'ai pourtant longtemps craint de passer à l'action, je mesure depuis quelques années déjà l'indispensable place de l'expérience dans mon développement personnel. J'ai un mental très fort. Et comme un cheval qu'il convient de débourrer, j'ai dû lui forcer la main pour qu'il accepte ma selle.

Vous n'aurez peut-être pas besoin d'expériences aussi fortes pour faire plier votre mental. Peut-être est-il d'ores et déjà plus facile pour vous, que ça ne l'a été pour moi, de le canaliser pour mieux entendre vos intuitions. Il n'y a pas de règles ni de petites expériences, il n'y a que celles qui vous sont utiles.

Expérimenter. Cela signifie connaître par expérience, à force d'entraînement. Essayer, tester, vérifier, éprouver.

Soumettre telle ou telle chose à des expériences à des fins de vérification, de contrôle.

Je ne perds jamais.
Soit je gagne, soit j'apprends.

Nelson Mandela, ancien Président

30 - Pourquoi est-ce difficile d'expérimenter ?

* Manque de patience

Le manque de patience peut souvent entraver votre capacité à capter votre intuition. L'intuition est cette voix intérieure qui vous guide et vous aide à prendre des décisions importantes. Cependant, pour entendre cette voix, il est essentiel d'être dans un état de calme et de réceptivité, ce qui nécessite parfois de la patience.

Effectivement, comme je l'ai déjà évoqué tout au long des sept étapes précédentes, l'agitation ne permet pas de se brancher sur votre intuition. J'ai longuement parlé, et sous des angles différents, de l'agitation extérieure. Or, là, en l'occurence, l'impatience procure une agitation très importante à l'intérieur de vous. Un mélange d'attente, de frustration que ça ne vienne pas assez vite, de doute quant à la possibilité de pouvoir entendre quelque chose un jour... Or, plus vous êtes dans ce manque de patience, plus votre capacité à "capter" et à "écouter" ce que dit votre corps sera entravé.

194

Par ailleurs, si tant est que vous ayez tout de même perçu une information, il se peut qu'il y ait du délai avant que vos ressentis ne se concrétisent. Peut-être allez-vous devoir faire "comme si" pendant un moment, plus ou moins long.

Lorsque j'ai cherché une maison à acheter il y a quelques années (dans laquelle j'habite encore actuellement), j'étais très perdue. Je me séparais de la personne avec qui je vivais à ce moment-là, et avais donc décidé d'acheter pour la première fois une maison seule. Mes enfants étaient encore mineurs. J'avais un salaire confortable et quelques économies. Seulement, trouver une maison, de minimum trois chambres, à moins de trente minutes d'Angers avec mon budget, semblait mission impossible.

Le stress montait très fortement. Pour autant, afin d'alléger ma surcharge mentale que je sentais monter en moi, j'ai décidé d'utiliser cette recherche comme un nouvel exercice.

J'ai travaillé tout une après-midi durant à nettoyer mes filtres, à retirer toute attente, toute idée sur la question. Car effectivement, bien que perdue, il y a certaines communes rationnellement que je n'envisageais pas, d'autres qui m'attiraient davantage. Mais pour me prêter au jeu de l'intuition, j'ai décidé d'utiliser totalement mon expérience CREATIVE et de m'y tenir, quelles que puissent être les informations que je percevrais. Je mesurais que c'était un pari risqué, mais soit ! Cela m'a pris plusieurs heures à enlever toutes les couches de l'oignon. Et à un moment, j'ai ressenti cet amour ineffable couler à l'intérieur de moi. J'ai "senti" que le nettoyage était total. Plus d'attente, plus d'agacement même sur le temps que j'avais mis à y parvenir.

Je me suis alors muni d'un vieux calendrier des PTT, ouvert le plan général de mon département, au milieu de celui-ci. Et totalement alignée, en pleine conscience, bien ancrée et connectée à mon corps, ayant nettoyé tous mes noeuds émotionnels et accepté tous mes travers d'impatience et de peurs, j'ai soliloqué.

J'ai proposé à mon corps des destinations en les verbalisant une à une. Il y en avait plusieurs dizaines.

Je ressentais en moi ce que les kinésiologues doivent ressentir sur leurs patients lorsqu'ils pratiquent un test musculaire. Ils testent les flux d'énergie du corps et peuvent sonder si le corps dit plutôt "oui" ou plutôt "non", comme un pendule de radiesthésiste.

En kinésiologie, on part du principe que le corps, l'esprit et l'âme forment un tout. S'ils sont en harmonie, l'énergie s'écoule librement à travers le corps.

Je percevais l'harmonie dans mon corps. Cela m'avait pris l'après-midi entière pour l'installer. Désormais, il était facile de détecter la dysharmonie. L'harmonie représente la joie, l'amour, donc représente le "oui" ; la dysharmonie fait ressentir des tensions, des blocages ; il représente alors le "non".

Déjà plusieurs communes proposées, et je sens mon corps qui refuse tout. L'une après l'autre. Le doute commence à apparaître mais je le chasse et je garde en moi cette unique consigne, que je me répète tel un mantra de "trouver-la-commune-la-plus-juste-pour-mes-enfants-et-moi".

L'harmonie revient. D'un coup. J'accueille. J'accepte car c'est la règle en intuition, comme en improvisation. Je n'en demeure pas moins surprise. Une commune est "choisie"par mon corps.

Je sais qu'en moyenne dans cette commune, les maisons coûtent le double de l'enveloppe que je pouvais y mettre.

Le doute voulait revenir, mais là encore, je suis restée ferme. Jouer avec mes perceptions doit rester un jeu. En revanche, je me suis faite la réflexion qu'il ne pouvait y avoir aucun doute : il s'agissait bien d'une intuition. Jamais mon mental n'aurait pu avoir une idée pareille !

J'ai ainsi poursuivi à affiner ma recherche. J'ai découvert que je ne la trouverais ni par Leboncoin, ni directement par une agence, ni par un notaire. Autant vous dire que le doute est très rapidement revenu pointer le bout de son nez.

Et donc alors, je vais la trouver comment, moi, cette maison ?J'ai juste eu le temps de capter une date sans trop savoir à quoi elle correspondait. Nous sommes en février et l'information me parle du 7 avril à 12h. Elle serait dans mes prix. Et ensuite, brouillage de fréquence. Plus rien.

Les semaines qui ont suivi ont été longues, très longues. Je trouverai cette maison pas un biais inconnu. Ce qui avait l'avantage de me faire travailler mon acceptation.

Les semaines passent et je me sens fatiguée et stressée. Je n'ai toujours aucune piste et bientôt cette date qui approche. Je m'agace contre l'Univers. Que c'est long d'attendre.

Il ne pouvait pas m'envoyer des signes, au moins, juste pour me dire qu'il ne m'oublie pas et que la livraison de l'indice suivant arrive bientôt ?

Nous sommes le 4 avril. Je me sens très fatiguée. J'arrive au travail avec une tête déconfite. Ma responsable de l'époque a pitié de moi. Elle connait déjà mes difficultés de travailler sur une plateforme dans tout ce bruit. Elle est adorable. Elle m'invite à m'installer dans un coin au calme, à côté d'une collègue que je connais peu.

Entre deux appels, cette collègue lance un sujet. Et vous devinez lequel ? Sur la recherche de sa propre maison. Elle me retourne la question, me demande où j'habite. Je lui parle que je suis à la recherche moi aussi d'une maison. Sans lui dire pourquoi et surtout, comment j'ai eu l'information, je lui parle de la commune pour laquelle mon corps avait dit "oui".

Et là, contre toute attente, elle me parle d'une maison dans cette commune, qu'elle avait visitée avec son compagnon, mais qui ne correspondait pas à ses critères de recherche.

Elle me donne le numéro du vendeur. Je demande si je peux la visiter. Il m'informe qu'il est en formation cette semaine, et qu'il ne sera pas disponible avant lundi. J'allais caler une date pour la semaine suivante, quand j'entends d'un coup qu'on me souffle à l'oreille d'insister. Je me sens comme "poussée" à lui demander si à tout hasard, il était aussi en formation ce samedi. Il me répond que non. Il me dit qu'il y a déjà trois visites ce samedi. Après lui avoir demandé les heures de passages des autres visiteurs, je me sens comme "poussée" encore une fois à lui demander de la visiter avant tout le monde. Il accepte. Le créneau est posé.

Le samedi, le jour de la visite, je suis seulement accompagnée de mes deux enfants. Je leur avais raconté l'histoire dès le mois de février, et j'avoue que pris dans le stress et l'attente, certains détails m'avaient échappé.

Lorsque nous sommes dans la voiture tous les trois sous cette pluie battante, mon fils me rappelle que nous sommes le samedi 7 avril et que notre rendez-vous est à 12h. J'ai pleuré. A chaudes larmes. Et avant même de la rencontrer, j'ai su que c'était elle. Beaucoup d'impatience pour finalement, une évidence.

Et observez comme tout est juste. Même mon impatience l'est. Puisque si l'attente n'avait pas été aussi longue et stressante, je n'aurais jamais été m'installer à côté de cette collègue. Cette expérience m'a permis davantage encore d'accepter tout ce qui est. Car même les choses difficiles à vivre peuvent apporter des cadeaux surprenants...

- Peur de l'échec / Peur de réussir

Une personne souffrant d'atychiphobie envisage si intensément la possibilité d'un échec qu'elle refuse de prendre le risque. Un grave échec passé, une image de soi biaisée et dégradée ou encore un traumatisme, peuvent être à l'origine de la peur de l'échec. Cette dernière entraîne alors de nouveaux troubles. La plupart du temps, la crainte est l'expression de nombreuses névroses qui s'imbriquent de manière complexe.

A l'inverse, la peur de réussir, également connue sous le nom de "peur de l'échec par la réussite", est un phénomène psychologique qui peut affecter de nombreuses personnes.

Cette peur se manifeste lorsque quelqu'un ressent de l'anxiété à l'idée de réussir dans un domaine particulier, souvent par crainte des attentes accrues qui pourraient en découler, de la pression pour maintenir ce niveau de réussite, ou même de la peur de perdre des relations ou de l'identité en cas de succès.

La peur de réussir s'explique par un sentiment d'imposture, la croyance de ne pas mériter le succès. La personne est intimement persuadée que les autres vont la juger négativement si elle réussit, l'accuser d'avoir eu de la chance, de ne pas être à la hauteur.

J'ai travaillé depuis des mois sur ce livre que vous tenez entre vos mains. Une gestation ! Passer à l'action en maintenant une visualisation réaliste a été non pas difficile, mais impossible durant les sept premiers mois. J'ai tenté de créer ce film intérieur dans lequel je concevais ma méthode d'accompagnement, conceptualisais en détails chaque point de celle-ci, pour être retransmis de manière simple. Visualiser en pensant par la fin, ce livre avec une belle couverture, des propos clairs, un mélange de théorie et de pratique comme j'adore si bien le faire en atelier... Et un éditeur qui me suit et qui me permette de diffuser mon livre à plusieurs centaines d'exemplaires... Les interviews pour le promouvoir !

Stop ! Impossible !

Cette méthode, je l'ai suivie intuitivement sans l'avoir nommée durant des années. Je me suis sentie poussée à la transmettre en concevant un livre. Seulement, c'était intuitivement qu'elle m'était apparue. Je l'avais "trouvée" (comme le dit si bien Henri Poincaré). Chouette. Mais désormais, je devais la prouver.

Pendant des semaines, j'ai donc été terrorisée à l'idée de passer à l'action tantôt par peur de l'échec, de ne pas me sentir à la hauteur de cette intuition et de ne pas être parfaite ; tantôt par peur de la réussite : et oui, si jamais ce livre changeait ma vie alors que je n'en étais pas prête...

- Saut dans le vide

Ce qui exprime aussi parfaitement cette peur de passer à l'action, c'est qu'une expérience nouvelle est trop souvent perçue (imaginée) comme un "grand saut dans le vide".

A ce propos, j'ai entendu une interview de Thomas Pesquet il y a quelques mois sur France Inter (vous vous souvenez, fréquence 93,2). Il évoquait sa préparation quant à sa sortie extra-véhiculaire, c'est-à-dire le fait de s'élancer dans le vide spatial, flottant en apesanteur à 400 kilomètres au-dessus de la Terre, tout juste accroché à la Station spatiale internationale.

Il expliquait parfaitement ces heures de préparation pour amadouer lui aussi, comme tout le monde, son mental. Il précisait que notre fonctionnement était paramétré pour associer vide à chute libre. Or, souvenez-vous, qui détient les 95% de votre fonctionnement ? Votre subconscient. Et à votre avis, si vous dites "sauter dans le grand vide" à votre subconscient, comment réagit-il ? Il sera naturellement en panique, car dans son programme de survie, vide = mort.

Si vous imaginez une expérience nouvelle comme un saut dans le vide, il est peu probable que vous passiez à l'action...
Dans ce cas, il est urgent de reconsidérer vos métaphores !

Nous sommes ce que nous répétons sans cesse.
L'excellence n'est pas un acte, c'est une habitude.

Aristote, philosophe et polymathe

31 - En quoi est-ce important d'expérimenter ?

• Besoin de preuves

L'expérience joue un rôle crucial dans votre quête de preuves et de validations. En effet, c'est à travers l'expérience que vous pouvez tester vos hypothèses, observations et théories, et ainsi obtenir des preuves tangibles de la véracité de vos idées. Que ce soit dans le domaine scientifique, professionnel, personnel ou même émotionnel, l'expérience vous permet de confirmer ou d'infirmer vos croyances, vos connaissances et vos intuitions.

En science, par exemple, l'expérimentation est essentielle pour valider les théories et les découvertes. Les expériences contrôlées et reproductibles permettent d'obtenir des preuves empiriques solides à l'appui des hypothèses avancées. De même, dans la vie de tous les jours, vos expériences personnelles et interpersonnelles façonnent votre perception du monde et influencent vos actions futures.

Ainsi, l'expérience répond à notre besoin inné de preuves et de confirmation, nous aidant à avancer avec confiance et assurance.

- Modification de nos programmes

Si vous voulez modifier vos programmations, vos croyances, rien ne vaut plus que la répétition, comme le proposait déjà Emile Coué. Ecouter celles en place et créer celles que vous souhaitez en remplacement.

Je ne pensais jamais habiter dans cette commune. Du jour où j'ai eu cette information, j'ai joué à faire "comme si". "Comme si" c'était une évidence et qu'il n'y avait pas lieu ni de la contester ni de la justifier.

Lorsqu'entre février et avril, on me demandait "ah, tu vas quitter ta maison ? Et tu sais déjà où tu vas aller", je répondais sans l'ombre d'un doute "oui" en précisant où. Je nommais cette commune, en boucle. Je crois que je visualisais déjà mes papiers d'identité au nom de celle-ci. Je passais mes temps libres à me répéter dans ma tête "j'y suis" ; "j'y habite".

- L'intuition, ça se cultive !

Si vous voulez bien jouer de la guitare, il vous faut vous entraîner. Que vous soyez prédisposé pour bien y jouer, c'est une chose. Mais vous n'échapperez pas à quelques heures d'entraînement. Pour l'intuition, c'est pareil. Capter des perceptions peut ne pas être évident pour tout le monde.

Seulement, contrairement à la pensée populaire, à laquelle je n'adhère pas, qui dit que c'est un don, l'intuition est à la portée de tous.

Elle est là. Elle est déjà là. Elle peut être embuée, parce que dans l'impossibilité de bien circuler dans un tube un peu trop pollué, mais elle est là. Décrassez-vous. Tout peut être prétexte à entraînement. Un jour, mon fils avait besoin d'un livre pour son lycée que je possédais déjà. Pour lui éviter d'en acheter un autre, bien évidemment, j'allais lui prêter le mien. Seulement, notre déménagement était récent, et mes livres étaient encore en carton. Il avait besoin, je ne saurais plus dire quoi, d'une pièce de théâtre. Les miennes étaient dans quatre cartons différents. Au lieu de les ouvrir un par un, l'occasion était trop belle.

Je me suis alignée, et ai suivi tout mon protocole. J'ai ressenti la joie pour mon fils de ne pas avoir ni à chercher, ni à courir l'acheter. En moins de 5 minutes, j'avais reçu l'information. Un seul carton d'ouvert et le livre attendu était trouvé.

Une autre fois, mon compagnon, qui s'y connait pourtant très bien en électricité, était un peu perdu sur le fait de savoir comment remonter correctement un boîtier. Comme il sait que je suis très avide de nouveaux tests, en toute humilité, il me demande ce jour-là mon avis. Ce qui est utile quand vous voulez capter une intuition, c'est d'en connaître le moins possible. C'est toujours ma ligne de conduite lorsque j'interviens en géobiologie chez les gens.

Travailler son mental reste toujours la tâche la plus difficile à effectuer, mais elle est d'autant plus facile que vous n'avez aucune idée sur la question ni d'attente sur le résultat.

Pour le coup, pas de filtre à nettoyer pour tenter de vous amener dans une attitude de l'enfant curieux, émerveillé qui regarde la chose comme s'il la regardait pour la première fois, puisque pour de vrai, vous la regardez pour la première fois. Et c'était mon cas avec l'électricité. Dans ce cas, contrairement au questionnement sur ma maison qui m'a pris des heures, tant l'enjeu était de taille, je n'avais mis en tout et pour tout qu'une minute chrono pour avoir l'information.

- Sans mouvement, pas de guidage

On imagine. Vous devez guider par téléphone quelqu'un perdu dans une forêt. Il ne bouge pas. Vous connaissez la forêt par coeur, seulement, vous avez besoin de plus de précisions pour le guider. Lorsque vous le lui en demandez, il vous répond des arbres. Oui, mais quoi d'autres ? Des arbres.

Vous lui demandez d'avancer tout droit, en le rassurant que cette forêt n'est pas si grande, qu'il va bien vite trouver un chemin, une route, des panneaux de signalisation. Mais il refuse. Il ne bouge pas. A votre avis, comment s'annonce votre guidage ?

Sans mouvement, pas de guidage possible. Il en est de même pour vous. Si vous souhaitez vous faire "aider" par cet Univers rempli d'informations, vous devez avancer, pour que vous puissiez recevoir un "plus à droite" "non, plus à gauche"...

Vous avez passé toutes les étapes de l'expérience CREATIVE, vous avez certainement expérimenté une visualisation avec un objectif, quel qu'il soit. Recevoir une intuition dans les quelques minutes qui suivent une visualisation demande du détachement et aussi tout de même de l'entraînement.

Il peut se passer un peu de temps entre ce que vous projetez et l'indice qui vous amènera à sa réalisation. En attendant, vous devez lâcher prise sur cette réponse attendue, mais surtout ne pas rester enfermé(e).

Ma fille a toujours voulu travailler dans la restauration. Au moment de chercher une entreprise pour son CAP, elle m'exprime que pour ces deux premières années, elle souhaite un restaurant qui lui permettrait de continuer à sortir, sans contrainte, avec ses amis désormais au lycée. Pour résumer, elle souhaitait être embauchée en tant qu'apprentie dans un restaurant fermé les soirs et les week-ends.

Elle y a pensé très fort. Très très fort, avec détermination. Pour autant, elle s'est mise en action, avec cette certitude que cela ne pouvait en être autrement. Elle a envoyé son CV à deux entreprises. En parallèle, avec son accord, j'avais partagé son CV sur les réseaux sociaux, et voilà qu'une troisième entreprise, que nous ne connaissions pas, souhaite rencontrer ma fille.

Elle s'est rendu aux trois entretiens. Les trois voulaient l'embaucher. Mais elle a fait aisément son choix. Cette troisième entreprise, arrivée de manière inattendue, était située en plein centre, emplacement idéal contrairement aux deux autres. De plus, ce restaurant était collé au lycée dans lequel, les amis de ma fille entraient en seconde... Et comble de tout, étant situé non loin d'un quartier d'affaires, il était ouvert du lundi au vendredi de 9h à 17h.

Elle était la seule de sa classe de CAP à avoir des horaires pareils. Et lorsque des gens disaient à ma fille ensuite "bah dis-donc, tu en as de la chance, toi !", elle savait leur répondre "je n'ai pas de la chance, je l'ai commandé, ce n'est pas pareil..."

Passer à l'action nécessite enfin beaucoup de confiance, en vous bien évidemment, mais aussi et surtout dans les intuitions que vous recevrez.

Si vous avez suffisamment opéré les nettoyages et tris au préalable, au fil des différentes étapes, vous ne devriez plus avoir à douter. Quand vous vous sentez perdu(e), osez interroger, vous interroger. Et osez passer à l'action, suivre votre intuition malgré les tempêtes extérieures.

Il y a plus de deux ans maintenant, je me sentais on ne peut plus perdue. A la question, qu'est-ce que je dois faire professionnellement, j'avais contre toute attente reçu comme information de repasser à temps plein. Surprise. Pourquoi ? Je m'étais donnée tant de mal pour réussir ce concours et développer mon activité de géobiologue ? Bien vite avant que ma raison me dise le contraire, j'ai lancé ma demande de modification de quotité de travail dès les lendemain. Deux mois plus tard, début février, je retravaillais à temps plein.

Et contre toute attente, alors même que je n'avais plus aucun jour d'attitré désormais pour cela, j'ai eu pendant quatre mois un nombre énorme de demandes d'interventions. Dans l'obligation de poser des congés, j'arrivai en mai avec plus un seul jour de vacances pour finir l'année civile.

En pleine déprime et colère de ne pas comprendre pourquoi cette intuition m'avait mise dans un tel embarras, j'ai posé ma question avec fermeté : "c'est quoi ma solution maintenant, hein ? Comment je vais faire ?"

Dans la minute qui a suivi, j'entendais "rupture"… "Rupture quoi ? Rupture conventionnelle ?" Mon corps m'a dit "ouiiiiii".

> Si vous voulez une qualité,
> agissez comme si vous l'aviez déjà.
>
> William James, psychologue

32 - Concrètement, comment on expérimente ?

Dans cette ultime partie, je pourrais vous redire l'importance d'aligner vos pensées, vos paroles et vos actions. Je pourrais également vous reparler de l'importance de faire des tests réguliers et de prendre cela comme un jeu, que si vous y arrivez, c'est bien ; que si vous n'y arrivez pas, c'est bien aussi. Que dans la vie, tout est prétexte d'apprentissage. Parfois, les crises sont importantes pour que l'orage éclate. Je pourrais vous rappeler aussi l'importance de cette humilité à chaque expérience. Et à la fois, comme c'est intéressant d'observer lorsque vous n'y arrivez pas. Cette sensation aussi d'être si bien entouré(e), par un Univers qui vous dépasse et qui vous guide, si tant est que vous décidiez d'avancer...

Mais dans cette ultime partie, dans ce "concrètement, comment on expérimente ?", j'avais surtout envie de vous partager le jour qui m'a fait basculer dans l'amour de l'expérience. Comme le dit la pensée populaire "il y a eu un avant et un après".

- L'expérience pour ce qu'elle est !

Après ce séjour, plus rien n'a été pareil pour moi. Osez faire cette expérience m'a permis d'avoir la détermination de visualiser un futur autre que celui qui m'était promis par certains médecins alarmistes. Vers trente ans, les douleurs de mon corps étaient telles que certains spécialistes m'imaginaient en fauteuil à 40 ans.

Depuis plus de dix maintenant, je reste accrochée à l'image que j'ai décidé de vouloir pour moi ; pas celle qu'ils voulaient m'imposer. Seulement, à certains moments, lorsque la réalité du quotidien me rattrapait, et que je sentais mon intention en perte de puissance, ce sont les expériences que me redonnaient de l'énergie, en renforçant ma conviction.

Celle que je souhaite vous partager a changé ma vie. Après ce séjour, j'étais rechargée à bloc pour visualiser avec intention et détermination une Julie debout, libre de ses mouvements dans un corps détendu et en santé.
Voilà ce nouveau séjour...

Je ne sais pas ce qu'il m'a pris. Mardi dernier, j'étais au plus mal, des douleurs terribles et un moral au plus bas. Alors, j'ai appelé Maurice. Je lui ai demandé si je pouvais passer et m'a répondu oui. J'ai pris ma voiture hier midi et après cinq heures de route, me voilà pour deux jours de nouveau en Bourgogne.

Je suis logée dans une petite maison en pierre, une dépendance très spartiate sans chauffage. 10 degrés dehors. 13 degrés à l'intérieur.

Avec l'inertie des pierres, la sensation est qu'il fait plus chaud à l'extérieur qu'à l'intérieur. Le comble. Pour mon corps qui peine toujours à se thermoréguler, je sens que je vais vivre un calvaire.

Le lendemain de mon arrivée, Maurice me demande de le retrouver pour un programme particulier en lien avec le Toumo. Le retrouver en maillot de bain, dehors, pour travailler les pranayamas (exercices de respiration permettant au corps de se réchauffer) pour ensuite m'immerger dans son étang. Nous ne sommes plus en juillet. Ce matin, il fait 8 degrés dehors. Je suis une tarée ! Complètement cinglée... Je n'y arriverai jamais !

J'avance les pieds dans l'eau et la douleur est immédiate, comme des lames de rasoir. Il me coache pour ne pas que je fasse demi-tour. J'avance, tout en répétant inlassablement avec conviction, "détermination", "détermination", "détermination". J'avance... J'entends Maurice. Je ne comprends pas ses mots mais je ressens sa confiance...

J'ai de l'eau jusqu'en haut des cuisses, debout sur la troisième marche... Je me tiens à la rambarde... C'est comme une péridurale, je ne ressens plus mes jambes... La douleur extrême me fait passer de l'autre côté, du côté de l'anesthésie... La dernière étape, le reste du corps !
A la une, à la deux, à la trois, et voilà que j'ai de l'eau jusqu'au cou. Ma respiration est bloquée. Je crois mourir. Je suis folle d'avoir accepté. Besoin de stabiliser ma respiration. Par panique, elle part dans tous les sens. Je suffoque. Je peine à sortir. Plus de sensation. Mes membres ne sont plus que des bâtons sans vie, prêts à casser à tout instant.

Je ne sais pas depuis combien de temps je suis devant le poêle à bois de sa maison. Je regarde les flammes et je ne comprends pas pourquoi elles n'arrivent pas à me réchauffer. Mes os sont glacés. Je pense bien être là depuis une heure au moins.

Ma sieste a été la bienvenue. Mon corps était dans un état d'épuisement rarement ressenti jusqu'alors.

Et de nouveau, salle de yoga pour des postures cette fois. Postures, certaines à tenir des minutes entières sans bouger. J'ai de nouveau froid. De nouveau le supplice. Mon corps devient raide. Moi qui suis de nature souple, voire très souple, hypermobile, j'ai toutes les difficultés du monde à faire des gestes simples.

Je me sens en colère. Je n'aime pas être contrainte. Et à la fois, c'est moi qui l'ai cherché en venant ici. Je pleure, beaucoup, de fatigue, de tristesse, de douleur, de solitude... la totale.

Je suis de nouveau seule dans cette petite maison non chauffée, sans eau chaude non plus. Ce soir, je me couche sur le petit canapé dans la cuisine. Dans cette pièce, les murs sont couverts de lambris. La sensation est plus chaude qu'avec les murs de pierres.

Beaucoup de douleurs au réveil. Mieux dormi, mais la mousse de ce petit canapé est comment dire... inexistante ! J'ai l'impression d'avoir dormir sur une planche de bois.

Si j'avais su, je crois que je ne serai pas venue.

J'espère toujours au fond que quelqu'un me prenne dans ses bras, et me dise "viens ma fille, je vais prendre tes problèmes à ma charge, ne t'inquiète pas. Tu vois, tu n'as plus mal…"

Je suis restée deux jours ici à "recevoir" cet enseignement extrême. Et j'ai peur du retour.

J'ai peur que tous les changements que j'opère chez moi viennent choquer mon entourage. C'est vrai, après tout, ils n'ont peut-être pas envie que je change tant que ça. Peut-être que prendre le mal de tout le monde sur mon dos les arrange. J'ai toujours déchargé, endossé… Si je change, comment vont-ils le prendre ?

Je retiens aujourd'hui que ma sensibilité est ma force, et non ma faiblesse (quoi qu'on en dise). Et cette force, cette sensibilité, je dois en faire quelque chose.

J'ai remis mes épaules dans l'eau glacée une fois, deux fois, trois fois…

Je suis fière de moi, aujourd'hui… Beaucoup plus qu'hier encore. J'ai entendu les "samsaras" me dirent "n'y va pas", "t'es complètement folle", mais je sais quelle détermination j'ai enclenchée pour y arriver et les faire taire.
Alors, oui, je suis fière et là, tout de suite maintenant, malgré le froid, toujours, j'ai beaucoup moins mal. Je ressens mes douleurs, mais je me sens plus détendue face à elles et face au froid… face à la solitude aussi.

Comme dit Maurice, pour descendre dans l'eau froide, il faut une détermination profonde, inébranlable, et ne jamais faire machine arrière !

Si j'observe ma descente de ce matin, j'ai descendu une, puis deux marches et en colère, j'ai crié "putain, mais qu'est-ce que je fous. là ? " J'ai reculé puis je me suis recentrée et là plus rien ne pouvait m'arrêter.

Je sais ce que je suis venue chercher, la clé qui manquait à ma détermination.

Et je suis fière de ce que j'ai réussi à trouver en moi. Qu'a-t-il à dire de cela, l'Univers ?

Tirage de Yi Jing : "Il semble que tous les problèmes aient été surmontés. Cependant, si vous vous reposez, de nouveaux problèmes vont certainement surgir. C'est pourquoi, il ne faut pas vous arrêter dans votre décision de lutter."

Tirage au tarot du Phénix : la montagne folle qui symbolise la détermination et le dépassement de soi.

Merci l'Univers pour ton retour. Je vais te faire honneur et accepter ce cadeau d'être en vie et traverser toutes ces épreuves. Demain, je rentre et garderai en moi la confiance et la détermination que j'ai trouvée ici.

Parfois, vous avez beau travailler les étapes C-R-E-A-T-I-V mais rien ne se passe car au fond, vous ne croyez pas totalement à votre visualisation.

Alors, pour cela, il est parfois utile d'oser le E, sans attendre, expérimenter, et même si au demeurant, le thème n'a rien à voir avec votre visualisation.

Vous pouvez vous mettre au défi de sauter en parachute pour réussir cette conférence, que vous tenter de visualiser depuis des mois ; vous pouvez oser poser nu(e) pour un artiste peintre, améliorant ainsi votre confiance en vous ; chanter en public pour mieux affronter votre patron ; marcher sur le chemin de Saint-Jacques de Compostelle pour renforcer votre charisme...

Chercher l'expérience pour ce qu'elle est : un prétexte supplémentaire pour vous écouter davantage encore, vous découvrir, et créer la meilleure version de vous-même.

Remerciements

A mes enfants, Pablo et Maria, d'avoir été si merveilleux, patients et compréhensifs face à une Maman si longuement en construction. Je suis si fière que vous osiez aujourd'hui être ce que vous êtes et que votre détermination soit restée sans faille, même lorsque vous voyiez que cela me remettait en question. Vous avez été à la fois mes meilleurs cobayes et instructeurs.

A Christophe, l'homme de ma visualisation, que la vie m'a offert par la plus heureuse des synchronicités, qui sait mieux que personne m'aimer telle que je suis, me comprendre et me soutenir. Je lui suis si profondément reconnaissante de m'avoir soutenue chaque jour dans ce projet, de m'avoir fait part de ses étonnements pour que mon propos puisse être le plus compréhensible possible. Nos heures d'échanges sont d'une précieuse richesse. Je le remercie de m'offrir son amour et son respect, chaque jour, sans effort, et sans aucune condition. Sans lui, clairement, ce projet n'aurait pu aboutir...

Un immense merci à mon amie et voisine Valérie Benedetti pour ces illustrations magnifiques. J'aime son talent et j'aime ses images. Elles m'ont portée pour parfaire au mieux ma visualisation de ce livre fini broché. Je suis ravie de voir se mêler si naturellement ses dessins à mon texte.

A l'Univers et tous ses travailleurs de lumière qui conspirent à me permettre d'accoucher de moi-même en m'aidant à en supporter les douleurs. On m'a soufflé cette méthode et tout le contenu de ce livre. Merci de ce cadeau si divin qu'est mon intuition.

A mon amie, Corinne, que j'ai saoulée avec mes heures de podcast (le plus long vocal a tout de même dépassé les 50 minutes lui faisant part de mes questionnements, de mes nombreux doutes...
Ces heures d'expression libre m'ont permis de clarifier ma pensée. Ces retours ont été d'une aide très précieuse. Je la remercie pour la pertinence de ses observations, de son soutien inébranlable et de l'amour qu'elle m'envoie chaque jour. Elle a toujours cru en moi et j'ai puisé dans sa force et son soutien.

A mon amie Cristina, que j'ai sollicitée presque tout autant que Corinne et qui, elle non plus, ne m'a jamais envoyé sur les roses. Elle a toujours su être présente et parfaitement me soutenir... même en sachant rester silencieuse quand elle sentait que c'était juste ce dont j'avais besoin.

A mes amies, Audrey Salou et Eline Renou pour leur patience malgré mes sollicitations, leur soutien et pour leur pertinence dans la correction et la relecture qu'elles ont si gentiment acceptées de faire. J'entends encore Audrey me dire sa phrase favorite me concernant : "Je n'en attends pas moins de toi !"

Merci également à mes parents, à mon frère, à ma belle-soeur, et à ma famille dans son ensemble, qui m'a fait devenir qui je suis et qui me pardonnera, je l'espère, toutes ces montagnes russes qui ont caractérisé ma vie.

Et j'ai une pensée particulière pour mes deux nièces, Clémence et Victoire, qui ont subi, elles aussi, les ruptures que je me suis imposées et qui les ont, a fortiori pendant quelques années, beaucoup impactées. Merci à elles de ne jamais m'en avoir porté grief.

A mon ex/conjoint David, et à sa femme Laure, qui ont su apporter à mes enfants tant de stabilité quand ce n'était plus possible pour moi de le faire et qui, malgré nos différences, ont su maintenir la paix, sans aucun jugement quant à mon mode de fonctionnement.

A Guillaume Deltour, mon Ange gardien, qui a endossé son rôle de médium, de guide au moment de ma vie où j'en avais le plus besoin. Merci de sa générosité et bravo encore pour ses si pures capacités de canalisation.

A Gildas alias « Socrate » qui m'a permis de faire des pas de géant dans mon évolution, grâce à un quotidien des plus conflictuels, et jusqu'ici (fort heureusement) jamais inégalé. Cette tranche de vie a été des plus difficiles pour moi, au-delà même de notre relation, et je salue son courage d'en avoir supporté le poids émotionnel. Il a largement contribué à me "faire prendre conscience" de moi-même par son jeu de miroir quotidien.

A mes ami(e)s qui me sont si chères, et que j'ai parfois sollicité(e)s lorsque je n'y voyais plus clair : Chantal Blanchouin, Caroline Salvi, Jamila Mercha, Camille Dechatre, Angélique Halima, Isabelle Seigneur-Haurillon, Fred Liegeon, Chrystelle Crosnier, Carole Panneau, Jeff Grille, Geneviève Parault, Gwénaëlle Brouard, Gaëlle Tribondeau.

A Thierry Gautier, géobiologue et radiesthésiste de renom, que j'ai rencontré lors de différents stages de formations qu'il proposait. Il est celui qui m'a permis de comprendre mieux que personne l'importance d'équilibrer nos deux cerveaux : le gauche pour structurer ; le droit pour accueillir.

A mon oncle Jean-Bernard et ses délicates attentions, notamment, ses trouvailles littéraires, ainsi que ma tante Dany. Je suis si ravie de les avoir retrouvés. Leur soutien et leur amour inconditionnel sont un cadeau des plus précieux.

Merci également à l'ensemble des familles Escalon, Paré et Poulain de m'avoir accueillie parmi les leurs, aux différents moments de ma vie.

A Joseph Mosset, mon instructeur sourcier, pour toutes ces heures passées en bottes à arpenter tant d'hectares, baguettes à la main. Il n'a jamais douté de moi, je le remercie, car j'ai pu m'appuyer sur sa confiance, lorsque la mienne flanchait.

A mes ancien(ne)s collègues et ami(e)s pour la plupart qui m'ont fait un honneur de me supporter, de m'accepter, même lorsque tout ce que je traversais les dépassait, sans jamais me juger : Sandrine Germain, Elodie Eveillard, Céline Lhériau, Florence Beaufrère, Valérie Jubin, Jeff Grille, Séverine Langevin, Sophie Cesbron, Laurence Drosson-Marais, Annick Fournier, Laurence Hamon, Elodie Morin, Sylvia Bricaud, Stéphanie Hess, Michel Marais...

A Hervé Franceschi, conférencier professionnel, qui a su raviver l'étincelle déjà présente en moi, d'écrire ce livre, et d'oser rêver dispenser un jour des conférences sur mes sujets passion.

A Folco Chevallier, auteur lui-même, qui a su être un talentueux mentor. Il a eu l'honnêteté et la pertinence de remettre mon égo à sa place sur la version précédente de mon livre. Je le remercie, car il a largement contribué à lui faire rabaisser son caquet, ce qui m'a permis d'accoucher plus librement de celui que vous tenez entre vos mains.

A Gildas Delaunay, Fanny Martin et Sandra Vivien pour leur confiance respective, qui m'a donné envie de transmettre.

Merci à toutes les personnes que j'ai croisées ces dernières années, clients ou autres relations, qui m'ont donné la détermination de consigner mon vécu au point d'aboutir aujourd'hui à ce livre. Une pensée particulière pour Pascale Lebecque partie bien trop tôt...

Un merci tout particulier à Lilie, ma petite chatte de 4 ans maintenant, qui, en jouant avec l'élastique d'un de mes carnets, m'a donné l'impulsion de rassembler mes notes.

Un remerciement très spécial à Maurice Daubard, qui, vous l'aurez compris, a beaucoup participé au développement de ma détermination. Il a su m'insuffler la sienne lorsque je manquais cruellement de force vitale pour me relever. Puisse cet ouvrage me permettre à mon tour, d'insuffler ma propre détermination à ceux qui aujourd'hui, en auraient besoin.

Et un remerciement groupé aux praticiens / professionnels (devenus des amis pour certains) qui ont participé chacun à leur juste mesure aux soins de mon Corps, de mon Esprit et de mon Âme :

Karène Bellanger, Florence Hubert, Vincent Rouquès, Anne Tremblais, Christophe Chupin, Alain-Joseph Bellet, Olivier Leroy, Vanessa Belleoeil, Vanessa Cagnion, Yessica Reulier, Mélanie Laurès, Elodie Vincent, Céleste Prancic, Elise Perroteau, Audrey Salmon, Alain et Josie Crégut, Violaine Desbordes, Charlyne Beyrath, Agnès Dureysseix, Jean-René Plot, Yann Rouèche, Vincent Paya, Joëlle Villegas, Yann Morat, Guillaume Martin, Morgane Nectoux, Olivier Leroy.

Et un merci à tous ceux que je n'ai pas nommés et qui ont tout de même beaucoup compté pour moi...

Bibliographie

- Le pouvoir du moment présent, d'Eckhart Tolle
- Nouvelle Terre, d'Eckhart Tolle
- Biologie des croyances, de Bruce H. Lipton, Ph. D.
- De l'Esprit à la Matière, de Dawson Church Ph. D.
- Ecoute ton corps, tome 1 et 2, de Lise Bourbeau
- Le pouvoir de l'intention, du Dr Wayne W. Dyer
- L'imagination crée la réalité, l'émotion est le secret, de Neville Goddard
- La prophétie des Andes, de James Redfield
- La puissance de votre subconscient, de Joseph Murphy
- A l'écoute de votre sixième sens, de Sonia Choquette
- Je développe mon intuition, de Géraldyne Prévot-Gignat
- Déprogrammation et reprogrammation, de Luc Bodin
- Le guerrier pacifique, de Dan Millman
- Changez vos pensées, changez votre vie, Dr Wayne Dyer
- De l'amour et de la solitude, de Krishnamurti
- La science de l'intention de Lynne McTaggart
- L'esprit sans limites, de Russell Targ
- Le pouvoir intérieur, de Charles Jullien
- Tout est relié, Univers-esprit, de Romuald Letrrier et Joceclin Morisson
- La maladie guérit – de la pensée créatrice à la communication avec soi », Kerstin Chavent
- Conversation avec Dieu, de Neale Donald Walsch
- Techniques de visualisation créatrice, Shakti Gawain
- Les messages cachés de l'eau, Masaru Emoto
- Notre corps ne ment jamais, d'Alice Miller

- Ces gens qui veulent plaire à tout le monde, d'Harriet B. Braiker
- Vaincre la codépendance, de Melody Beattie
- La loi de l'attraction, de Luc Bodin
- La part d'ombre du chercheur de lumière, de Debbie Ford
- De l'intention à la réalisation, de Yves-Alexandre Thalmann
- Savoir dire non, de Marie Haddou
- Transformer son esprit, du Dalaï-Lama
- Le chemin de la véritable initiation magique, de Franz Bardon
- Le pouvoir créateur de la colère, d'Harriet Goldhor Lerner
- Le corps a ses raisons, de Thérèse Bertherat
- Se souvenir du futur, de Romuald Leterrier et Jocelin Morisson
- Le guide du chercheur d'eau, de Thierry Gautier
- Ces gens qui ont peu d'avoir peur, d'Eliane N. Aron
- Jung, un voyage vers soi, de Frédéric Lenoir
- Trouver son propre chemin, d'Isabelle Filliozat
- Chemin de vie, de Dan Millman
- Les quatre accords Toltèques, de Don Miguel Ruiz
- A la recherche du soi, d'Arnaud Desjardin
- Apprivoiser son ombre, de Jean Monbourquette
- Confidences d'un homme en quête de cohérence, de Thierry Janssen
- Un cours en miracles,
- Il faut le croire pour le voir, Dr Wayne W. Dyer
- La puissance de la pensée positive », Norman V. Peale
- La puissance de l'imagination, Jean-Philippe Pierron
- Demandez et vous recevrez, Ester Hicks
- L'impact des émotions sur l'ADN, Nathalie Zammateo
- Le guide du pendule, de Jocelyne Fangain

Édition : BoD – Books on Demand, info@bod.fr
Impression : BoD – Books on Demand, In de Tarpen 42,
Norderstedt (Allemagne)

Impression à la demande
ISBN : 978-2-3225-4151-5
Dépôt légal : Juillet 2024

Illustrations : Valérie Benedetti
Corrections : Evelyne et Michel Baudoin
Cristina Neves Santos
Audrey Salou
Eline Renou
Corinne Mathelier

Chloé